ちくま新書

政治学の名著30

佐々木 毅
Sasaki Takeshi

655

政治学の名著30【目次】

Ⅷ　歴史の衝撃の中で　185

まえがき

本書を引き受けて、改めて課題の難しさを痛感した。何よりも、古今東西の大家たちを相手にして一人で立ち向かうというのは誠に心もとない話である。端的に言えば、これはスペースの問題ではない。人間には「見えるものしか見えない」という恐ろしい言葉があるが、テストされているのは相手側ではなく明らかにこちら側である。スペースが沢山あれば「見えないものが見えてくる」という、気楽な話ではない。スペースよりも時間の方が「見えないものが見えてくる」ことにとって意味があると思われるが、無限に時間がないのが人間の定めである。結局のところ、私自身の読書ノートの中から、「見えるものしか見えない」ものとして本書は誕生することになった。

同時に、本を執筆する以上、読者に「どう見てもらうか」も考えなければならない。そこで本書が採用した方法は章を立てることであった。「政治の意味」から始まる各章がそれである。古来の名著を淡々と三〇冊並べることも考えたが、それでは些か平板な感じが否めないし、読者に対して不親切である。そこでいろいろと無理があることは知りつつ、採用したのがさまざまな章題の下に名著を配列する方法であった。本書の目次を見て、少しは食欲をそそられることであれば、この試みは意味があったことになる。

もちろん、こうした章は決して網羅的ではないし、完璧なわけではない。個々の作品をどの章の下に入れるのかについても、いろいろと議論はあるであろう。これはあくまで一般の読者が政治を考える手がかり、視点を念頭に選び出したものである。それも甚だ大括りなものでしかないが、読者は関心のある視点に沿ってどこからでも本書に入っていくことができる。実際、政治について考えると言っても、具体的な手がかりが欲しくなるのは当然だからである。読者がこの趣旨に沿って、「政治と徳」「政治と宗教」「政治と戦争・平和」「政治と経済」といった章を大いに活用することを切望したい。

章の中で一つだけやや異質のものがある。それは「歴史の衝撃の中で」という章である。ここには二つの衝撃が混在している。一つはアジアに対する西欧の与えた世界史的な衝撃であり、第二は新しい体制としての全体主義の与えた衝撃である。それは一言で言えばこの一世紀半の歴史の激動をどう受けとめたかを振り返ることに関係している。これらの衝撃は政治を考える上での断絶面であって、それを他の章の中に入れ込ませることはわれわれにとってその意味を希薄化させ、生彩を失わせると考えられる。そうした判断から章として独立させ、正面から受けとめる途を選択することにした。おそらく、現代政治について考えることを厭わない読者の理解を得ることができるものと確信している。

他方、章を立てることにも問題がないわけではない。何よりも、多くの名著は個々の章にあるような特定の課題に議論を限定しているのではなく、幾つかの章にまたがった包括的な議論を展開しているからである。従って、章を立てたからといって、あたかも一つの章にだけその内容が限定されているということを言おうとするものではない。実際、ほとんどどの作品も「政治権力」について言及しているのであって、例えば、「民主政論」がまさにある種の「政治権力」に注力したものであることは言うまでもない。逆に、「政治権力」を論ずるということは、「政治と徳」やそれ以下の章に言及することなしには不可能である。そのことを百も承知の上で敢えて章を立てたことを確認しておきたい。また、章に過度に引き寄せてそれぞれの古典の内容を紹介するようなことは避けることにした。その意味で各章はあくまで便宜的な性格を持っている。

しかし同時に、「政治権力」に配列された諸作品が「政治権力」について深い洞察をわれわれの前に繰り広げていることについて私は些かも譲歩するつもりはない。そして、他の箇所においてもこの作品なしにはこのテーマについて考えることはできないという観点に従って全体を構成した(あれもこれもと付け加えることはいくらでもできるとしても)。また、「政治と戦争・平和」といった章を立てたのは、政治に対する広範で多様な関心に目配りするためであった。その意味では各章は随時見直すことも考えられる。

本書はその性格上、あくまでもこれら古典や名著への接近路を作ることをその任務としている。従って、一人でも多くの読者がここに収録された名著の一冊でもそれを現実に手に取り、幾ばくか直接に味わってもらわなければその任務を果たしたことにはならない。世の中には「有名であるがあまり読まれない本」が沢山あるが、ここで取り上げた名著の中にもそれに近いものもないわけではない。かくして名著と言われるものを実際に手に取って読み、味わうということは人生においてそれほど普通のことではない。その上、それらによって直接に大いに刺激されたところまで到達するには大きな距離がある。まさに「一期一会」の心境で臨むことが求められるのである。

このように名著との出会いはノウハウの獲得や一時的な楽しさを目標にした読書とは自ずから違ったものである。他の領域の名著がどうであれ、政治学の名著なるものはその内容が非常にごつごつとしている。そこでは人間の集団生活のあり方と個々のメンバーの生殺与奪に関わることが話題の中心であり、お互いに踏まえる現実も創造しようとする現実も異なっている。この解があるようでない世界について知的なチャレンジを繰り返すことに一定の共感と意味を見出すこと、これが政治学の名著と付き合う時に求められる条件である。

その際に大事なことは、政治についてどう考えるかが政治の現実を構成する要因である、という無視できない現実に思いを致すことである。これらの名著が単なる知的アクセサリーの域を遥かに越えて、まさに現実を支え、さらには新しい政治的な現実を生み出した原動力でもあったことを忘れてはならない。このように政治学の名著は単に「ありがたがるべきもの」であるに止まらず、そこには恐るべき力が秘められていたのである。われわれが名著を消費しているのか、名著がわれわれを消費しているのか、そこには常に曖昧さが付きまとうことになる。その意味で政治学の名著はシリアスに受けとめられなければならない。そしてシリアスなものをシリアスに受けとめる習慣をなくすことはやがて大きな災いの素になるであろう。これが本書に取り組んだ私の率直な気持ちである。

二〇〇七年二月

佐々木　毅

Ⅰ 政治の意味

プラトン『ゴルギアス』（前四世紀）
――「魂への配慮」としての政治

プラトン（前四二七頃―前三四七）は古代ギリシアの哲学者。『ゴルギアス』は個人道徳と政治を扱い、後の政治思想へつながる作品。

†ポリス対ソクラテス

西欧の政治学の源泉は古代のギリシアにあると言われている。その趣旨は概ね次のような事実を指している。何よりもまず、そこではポリスという市民共同体が成立し、ペルシアに代表される専制政治の攻撃を撃退して数世紀にわたって存続したことである。ポリスは一人の人間に対する多数の人間の服従によって特徴づけられる専制政治と異なり、多数の自由人である市民（奴隷の存在などによってその範囲は限定されていたが）がノモス（法的社会的秩序）への服従を通してポリスの独立と繁栄に積極的に貢献する仕組みであった。その限りにおいて自由と平等が一定程度存在し、政治や軍事こそ市民たちの活動の場であり、そこで生命財産の維持を超えて名声や名誉を獲得し、自らの足跡をポリスに記憶として残すことが理想とされたのであった。ポリスは政治活動の価値がきわめて高い組織体であり、そこでは政治参加の自由や政治権力をめぐる切磋琢磨が公然と展開されたのである。トゥーキューディデースの『戦史』はその実相を伝えてくれる貴重な作品である。

思想的に整理すると、ポリスは一方で市民共同体として市民はお互いに共通のルールに服従し、協力し合う関係にあったが、他方では激烈な名誉獲得競争において互いに優越を競い合い、権力追求型の行動様式によって支配されていた。前者は節制という徳として現れ、後者は勇気などの徳によって彩られていたが、肝心な点はそのバランスにあった。ソロンやリュクルゴスなどの偉大な立法者が腐心したのもこの点にあったのである。このバランスが大きく崩れ、ノモスがその力を失い、歯止めなき権力抗争に陥るきっかけになったのはペロポネソス戦争であった。『戦史』はその有様を如実に描いている。

ソクラテスに始まる哲学流派はこの政治偏重の伝統的ポリスの世界とは明確な一線を画そうとするものである。それというのも彼らによれば、生命財産は言うまでもないことながら、名誉や名声を求めることが人間にとって最も大切なものであるという考え方こそ、改められるべきものであったからである。そこで浮上してきた中心的な概念が魂という概念であり、「魂への配慮」こそ人間の最大の関心事でなければならないという主張である。

彼らにとってはその意味でのギリシア世界の「価値の転倒」が最も肝心な点であり、ソクラテス裁判をはじめ、現実のポリスと新たな緊張関係が発生することになる。

ソクラテスを始祖と仰ぐ哲学流派は多数に上る。その中でプラトンはその師の姿を生き生きと後世に伝える数多くの作品を残したのみならず、この「魂への配慮」という新しい哲学理念と政治との関係を考え直した点できわめて重要である。プラトンの『書簡』と伝えられるものが残っているが、そこには彼がポリスの現状全体に強い絶望感を抱いていたこと、こうした事態を改めるためには新しい哲学によってポリスを建て直すしかないと考えていたことがはっきりと示されている。このような経緯から単純にプラトンをもってギリシアの政治学を代表させるわけにはいかないが、そこにギリシア世界の考え方との対決が生々しく息づいていることを観てとることが大切である。

†弁論術と政治

前置きが長くなったが、『ゴルギアス』はギリシア世界の伝統や常識とソクラテス哲学に裏づけられた新しい政治観との正面衝突を扱った、実にスリルに富む初期の名著である。その意味で先に指摘した政治についての見方の「価値の転倒」を扱った対話編である。アテナイの名門に生まれたプラトンが自らの立場を正面切って表明した「プラトンの弁明」

であると指摘する専門家もいる。

表題のゴルギアスは有名な弁論家であり、この作品は弁論術を手がかりにして議論が進められる。弁論術は民主政にあっては民衆を説得し、権力を獲得する上で必要不可欠な技能とされており、その役割の吟味を通して政治活動の実態を暴露することがその第一の目的となる。すなわち、民主政とは政治家が弁論術を駆使して民衆を説得する体制であるが、その際に求められるのは人々に「ある種の快楽や喜び」を作り出すことである、と。それは言い換えれば、政治家たちが民衆の歓心を買うように「迎合」し、自らが彼らの奉公人であることを印象づけること、そのために橋や港の建設などを含む物質的な欲望を満足させることを申し出るなど、さまざまな手段を駆使することを含んでいる。そしてプラトンによれば、かつてのアテナイの大政治家たちであったキモン、テミストクレス、ペリクレスといった人々はこうした手段によって民衆を統治したのである。この意味において弁論術は一種の「迎合術」に他ならないことになる。

ところで弁論術を駆使する政治家たちは何を目標としているのか。一言で言えば、権力志向に尽きる。生命財産、名誉といったものを追求する伝統的価値観は究極的には権力志向に帰着し、それは二つの主張にも帰着するという。第一は、「不正を行なうこと」よりも「不正を受けること」はより悪いという立場である。名誉を奪われ、生命財産が危機に陥れられるのは何よりも回避しなければならないのである。もしこの原則を維持するならば、専制君主こそ政治人の理想ということになりはしないか。このことと関係するが、第二は絶えず快楽を追求しつづけることこそが人生の醍醐味であるという倫理観である。いわば欲望の蛇口を常に全開状態にしておいて、退屈に陥らないように常に新しい刺激を供給するようにするという人生観である。このように煎じ詰めれば、ギリシアにおける政治人の理想は権力志向、快楽主義志向に辿り着くというのが『ゴルギアス』の見解である。この政治人の立場からすれば、哲学というのは「素質のある人間を劣悪にしてしまう技術」であり、大の男が片言でしゃべるのと同様、物笑いの種にしかならないことになる。

†秩序ある魂を求めて

ソクラテス哲学の立場に従い、プラトンはこれに対して反論を加える。人間にとって最も大切なものは魂であり、「秩序ある魂」の実現こそ人間の理想である。この立場からすれば「不正を行なうこと」は「不正を受けること」よりも悪い状態に魂が置かれていることに他ならず、一方的に「不正を行なうこと」を享受する専制君主の魂は最悪の状態にあるとギリシア的政治人の理想に反撃を加える。さらに彼は、政治術は「魂への配慮」を自らの任務とするものであって、軍艦や橋梁、港を造ったりすることを本務とするものではないという、独自の政治学の見解を展開する。人間の肉体についての認識を基にその矯正や改善を図るのが医術や体育術であるのに対応して、人間の魂の認識に基づいてその改善に向けて矯正し、教育するのが政治術の本旨であるというのである。これに対して弁論術は魂の善悪などには全く関心を払わず、それの矯正どころかそれへの「迎合」を通して喜びや快楽を煽り立てるテクニックに過ぎないのである。『ゴルギアス』において見落としてはならない点は、その最後において魂の不死とその死後における審判の世界が想定されていることである。専制君主がそこで最も残酷な取扱いを受けることは想定済みである。

政治が「魂への配慮」と結びつけられたことの意味はきわめて大きい。それは「魂への配慮」を個人的な関係を通して実現しようとしたソクラテスとの違いを示唆するとともに、この目標を権力を用いて実現するということは当然のことながらポリスの大改造を不可避にするであろう。しかも、「魂への配慮」はこの世において自己完結するのでなく、死後の世界をも視野に入れた思想であることを考えると、政治の役割は彼岸的世界との関係を含むものにならざるを得ない。見える世界の中でぎりぎりの自由な政治活動を競うというギリシア世界のそれまでの伝統との違いがいかに大きいか、改めて付言するまでもないであろう。

マキアヴェッリ『君主論』（一五三二年）
――全ては権力から始まる

マキアヴェッリ（一四六九―一五二七）はフィレンツェの外交官・政治思想家。『君主論』は近代政治学の基礎を築いた。

†新しい君主

君主のあるべき姿を描き、支配者の心得を説くことは政治学の一つの伝統である。現代風にいえば、リーダー論になろう。ところがこうした議論は決して無前提に始めるわけにはいかない。こうした議論は当該の人物が置かれた環境や条件なしには妥当性を持たないからである。二〇世紀で言えば、ヒトラーとローズヴェルトをいきなり一緒に扱うことはできない。ニッコロ・マキアヴェッリの『君主論』についてもこの点は決定的に重要であるし、彼はこの点を鋭く意識していた。

安定した統治構造が多かれ少なかれ既にあることを前提にした世襲の君主権について、

『君主論』は僅かに一章だけ割き、実にあっさり処理している。『君主論』の主たる対象は明らかに「新しい君主」である。「新しい君主」とは全てをゼロから作り上げなければならない君主のことであり、世襲の君主のように初めから頼りにできる制度や伝統があるわけではない。やや厳密な言い方をすれば、世襲の君主は安定した国家構造を前提にしてその内部で統治を行うという意味で初めから「制度化された権力」の担い手である。これに対して「新しい君主」は制度の作り手であり、制度は権力によって初めて存在することになるのである。ここに権力の位置の違いが見られる。

†権力の基礎としての「強制力」

ところで『君主論』は「新しい君主」が支配するに至った地域がどのような地域であるかといった議論から始まる。君主の支配に慣れた地域であるか(トルコとフランスでは大きな違いがあるが)、政治的自由の伝統が深く根を下ろした地域であるか、といった具合である。次にどのようにしてその権力を掌握したかの分類が行われる。幸運による場合、他人の力に依存する場合、自らの力による場合、市民の好意による場合などがそれである。有名なチェーザレ・ボルジャは他人の武力と幸運によって権力を得た「新しい君主」の例である。「新しい君主」の中で最も容易にその権力を維持できるのは自らの力によって権力を掌握した場合である。

先にも述べたように、「新しい君主」は新たに制度を創設し、統治様式を導入しなければならないが、これは旧来の制度に既得権を持つ人々の激しい抵抗を招くだけでなく、新しい制度の受益者たちがなお将来に確信が持てず、確固たる味方が得られない状態を生み出すことになる。こうした場合、「新しい君主」は説得が奏功するように「祈るか」、それとも「強制する」しか方法がない。自らの力に頼ることができる「新しい君主」は「強制する」ことによってこの危機を克服することができるが、幸運や他人に依存する「新しい君主」にはそれができない。ここからマキアヴェッリは有名な原則を導き出した。すなわち、「武装した預言者は勝利し、武器なき預言者は破滅する」と。それというのも、人間というものは変わりやすく、説得したことに人間を繋ぎとめておくためには「強制する」ことがどうしても必要だからである。マキアヴェッリの眼前で破滅したサヴォナローラはまさにこの「武器なき預言者」の典型であったのである。

こうした議論からうかがわれるように、「新しい君主」にとって「強制する」能力がその権力の安定性の究極的な基礎であることが分かる。この「強制する」ことの重要性はマキアヴェッリにおいて人間が信頼できないものであるという根深い認識と結びついており、他者への安易な依存がいかに危険であるかを彼は繰り返し強調している。逆に言えば、彼は相互信頼を前提にした政治の姿から極端に離れた視点から政治を語り、権力を論じているのである。ところで「強制する」ためには自らの実力組織を持つことが必要であり、彼はこのことを「良き軍隊のないところに良き法はありえない」という言葉で述べている。これは軍隊が対外的な防衛のためのものであるのみならず、国内統治においても「強制する」道具として欠かせないことを示している。ここに軍事の問題が統治活動の内部に深く入り込んでくる構造が見られる。つまり、国内政治を前提にして軍隊が専ら対外的にその活動の場を見出すというよりも、軍隊は国内統治の道具であるとともに対外的防衛の役目も同時に果たすという構造になっているのである。

そこから軍事的な事柄こそ「新しい君主」の唯一、最大の関心事でなければならないという彼の主張が出てくる。『君主論』のみならず、彼のあらゆる著作に見出される傭兵制批判、「自らの軍隊」を持つことの重要性の指摘、こうしたものは特に「新しい君主」がその置かれた厳しい境遇を凌いでいくための不可欠の前提条件であった。また、この背後には軍事を軽視し、運命のままに漂う当時のイタリアの君主たちに対する彼の批判があったことは言うまでもない。彼が生前唯一公刊した作品が『戦術論』であったことも決して偶然ではなかった。自らの力に頼るということは究極的には「自らの軍隊」を持つことであるというのが彼の認識であった。

もちろん、「強制する」ことを節約してはいけないわけではない。『君主論』の後半部分で出てくる評判をめぐる議論はまさにこの節約に関わるものである。君主が慈悲深く、信義に厚く、敬虔で、人間味溢れ、正直な人間であるように「見える」ことはきわめて大切であると彼は説く。ここには君主が理想の人間像の体現者である、そうでなければならないという理想の君主論の伝統に注意を払うことが評判を高める上で役に立つという打算が込められている。『君主論』の悪名を高からしめたのは、こうした有徳な人物であるように「見える」のは結構なことであるが、悪人たちが周囲にうようよしている状況では必要に応じてそれとは違った行動をとる準備がなければならないといった議論である。

有徳であることが権力の安定を保証するような環境があれば言行一致で済むが、彼には有徳な行為だけでは容易に悪人たちの餌食になり、権力を失うのが政治の現実であるという判断があった。評判がどうであれ、最終的には「強制する」ことを通して権力を維持しなければならないことに変わりはなかったのである。彼が人間間の闘争には法を用いた人間に特有の方法と野獣の方法とがあり、前者では十分ではないため後者の心得が必要であるとし、野獣の方法として狐と獅子にそれを代表させているのもまた、法的世界の有効性の限界を認識していたからである。

†『君主論』が問うもの

このように一方には徳と法、それを基盤にした分厚い相互信頼によって支えられた政治があるとすれば、他方には「強制する」ことをいつも留保することによって辛うじて共存関係が維持できる政治の世界がある。『君主論』の世界は後者を率直に語ったものであり、そこでの目標は精々のところ平和である。確かに正義や徳に比べれば平和という目標は慎ましく、自慢できるものではないのかも知れない。しかし残念ながら、人類はしばしば平和の維持にすら事欠く事態に直面することがある。権力の濫用は忌避すべきものであるが、権力が成立しない状況はこれまた深刻な事態である。『君主論』の論旨を押し進めると「全ては権力から始まる」という命題が出てくる。権力は制度や法から派生するものではなく、制度や法は権力によって初めて可能になるのである。

マキアヴェッリの議論をさらに押し進めると、この権力を可能にするものは何であるのか、君主の一人の能力であるのか、それとも多数の人間を組織化したマシーンであるのかといった問いかけが出てくる。そして例えば、軍隊というものはいかにして可能かという点に突き当たる。軍隊という組織自体、ある種の政治的関係を前提にしたものではないのか、もし、そうでないとしたらそれはいかにして可能であろうか。あるいはそこには彼が見ようとしなかった人間の相互信頼関係が前提にされているのではなかろうか。いずれにせよ、われわれは『君主論』を通して政治学の根本問題に直面することになるのである。

ヴェーバー『職業としての政治』（一九一九年）
――燃えるような情熱と冷静な判断

ヴェーバー（一八六四―一九二〇）はドイツの社会学者・経済史家。『職業としての政治』は政治指導者の資格を問うた作品。

†政治家と官僚の区別

第一次世界大戦と革命的状況の中で二〇世紀の大衆民主主義はその産声をあげた。本書はその時点において政治活動の意味と目的を正面から論じた二〇世紀の古典である。この作品にはマックス・ヴェーバーがそれに先立って蓄積してきた多くの政治社会学的知見が含まれるとともに、ドイツのビスマルク体制に対する数多くの批判や新しい政治体制についての構想が流れ込んでいる。

政治とは政治団体・国家の指導、その指導に影響を与えようとする行為と定義される。次いで、国家とはある一定の領域内で正当な物理的暴力行使の独占を要求する共同体であるとされる。そして政治活動は国家権力の配分、維持、変動に関わる活動と考えられる。この暴力行使の正当性について言えば、彼の持論である支配の三つの類型（伝統的支配、カリスマ的支配、合法的支配）が再説される。カリスマ的支配は政治指導者の原型であるが、継続的行政のためには人的な行政スタッフ（官僚など）と物的な行政手段（貨幣や武器など）が必要である。そして行政スタッフが物的手段を所有している場合とこの両者が分離されている場合とがあるが、近代国家は後者をその特徴としている（物的手段の支配者への集中）。ここから職業政治家と専門的官吏集団が誕生してくることになる。

ヴェーバーの議論の一つの焦点は、政治と行政とを区別し、それに対応して政治家と官吏のあり方を峻別したことにあった。政治指導者にとっては権力をめぐる闘争、党派性、それに伴う激情は当然のことであるが、官僚の任務はあくまでも非党派的に行動すること、「憤りもなく、偏見もなく」その職務を執行することにある。これは両者の責任のあり方の根本的な違いに関連している。すなわち、政治指導者は自らの行為の責任を一人で負うところにこそその特徴があるのに対して、官僚の場合には上級者の命令を――自らの思想信条とは関係なしに――、命令者の責任において誠実かつ正確に実行することがそのあり方である。このように後者には独特の倫理的規律と自己否定が求められる。逆に言えば、官僚として優れた責任意識を持つ人間は政治家に向かない人間であり、政治的な意味で無責任な人間であることになる。ドイツではこの種の人間がいつまでも指導的な地位に止まったこと、それに伴う「官僚政治」の弊害をヴェーバーは首尾一貫して批判し続けた。

†近代政党の誕生

政治指導者は政党という組織を動員して平和的な手段で権力を握ろうとするが、それはヴェーバーをして政党の組織の変容の問題へと関心を向けさせることになった。かつて政党は議員や名望家たちの緩い集まりでしかなく、政治活動そのものが場当たり的で、副業的なものでしかなかった（名望家政党、議員政党）。その後、全国的な統一綱領や統一的な宣伝活動への関心の高まりとともに、政党の組織化が都市部を中心にして進んでいく。党費の徴収や有給の政党職員の誕生はそのメルクマールであった。

これと対比される近代的な政党組織は、民主制、普通選挙権、大衆獲得と大衆組織の必要、政治指導の統一性と党内の厳格な規律などを背景にして誕生したという。議員や名望家に代わってプロの政党経営者が誕生し、党組織が議員たちをコントロールする仕組みが定着する。ヴェーバーはそれをマシーンを伴った人民投票的民主制の誕生と呼ぶ。政治指導者のカリスマ性が選挙を有利に戦うことを可能にし、選挙での勝利は党のメンバーに実質的な利益をもたらすことが期待される。ここで大写しになるのはあくまでもトップに立つ指導者のカリスマ性であって、決して個々の議員たちや抽象的な綱領ではない。それとともに党官僚が誕生し、それが政治指導者を党の内外でさらに突出した存在へと導くことになる。かくして政党はかつての名望家政党の時代に見られた牧歌的で、拡散的な組織からきわめて党内規律の厳格な中央集権的組織に変容することになった。今や議員はイギリスに見られたように、政治指導者に対する単なるイエスマンになったのである。

ドイツではどうか。官僚が圧倒的な影響力を持ち、議会と政治家は無力であった結果、政治家は権力も責任もなく、名望家として派閥本能を満足させるのに汲々としていた。指導者としての資質のある人間に政治の場で活躍する機会はほとんどなかった。一言で言えば、ドイツでは政党は指導者不在のギルド的組織となり、あるいは、社会民主党のように党内官僚政治に転落してしまった。

現代政治の選択肢は二つしかない。それは指導者民主制か、それとも指導者なき民主制か(天職の意識を欠き、指導者の本質をなすカリスマ的資質を持たない「職業政治家」の支配か)である。ヴェーバーは断固として前者を擁護するが、ドイツの現実においては帝国議会の無力と比例代表制がそれを阻止するものとして立ち現れる。その結果、残るは人民によって直接選ばれた大統領のみが指導者に対する期待を満足させ得ることになる。

†政治家の条件

ここから指導者にふさわしい政治家の条件が問題になる。政治家は権力が与える高揚した感情に常に直面している。これは政治家に特有の倫理問題を生み出すことになるが、権力感情が堕落をもたらさないための条件としてヴェーバーは仕事への情熱と責任感、現実をあるがままに受けとめる判断力の三つの資質をあげている。燃えるような情熱と冷静な判断力、この二つの結合を可能にするような強靱な人格が政治家に求められる。政治は頭脳で行うものであって、身体や他の部分で行うものではないという、彼の指摘は革命の中で登場したアマチュア的政治に対する厳しい批判であった。

自分自身との距離感を持てない虚栄心は逆に悪徳になる。要するに、権力はあくまでも一定の目的のために追求されるべきものであって、個人的な自己陶酔のために権力を求めたり、権力のために権力を求めることは政治の端的な堕落につながるという。権力の派手な外観によって自らを飾り立てるデマゴーグ、皮相さと尊大さしかない目標の欠如した権力政治の空虚さ、これもまたヴェーバーの厳しい批判の対象であった。これは大戦以前のビスマルク帝国、特に、皇帝ヴィルヘルム二世に体現される騒々しい権力政治の不毛さに対する彼の年来の批判を繰り返したものであった。

『職業としての政治』の最後の部分は心情倫理と責任倫理をめぐる倫理問題に当てられている。政治は権力行使を伴った結果責任を引き受ける活動であり、その意味で純粋の心情倫理だけでは貫徹できない活動に関わり、敢えて言えば、悪魔と手を結ぶことを覚悟した活動とされる。しかし、いわゆる目的による手段の正当化は、心情倫理のこの世における実現を目論む闘士（その中には社会主義者も含まれる）が、その限りにおいて政治と関わる場合にも常につきまとうことになる。一切の暴力を絶滅するために最後の暴力に訴える場合のように。しかも、そこに働いている悪魔の力と結果責任の意識が欠けているために、当該の目的の信用失墜につながる可能性が高い。

このようにヴェーバーは心情倫理から発するロマンチックな政治的ディレッタンティズムを批判したのである。彼によれば、心情倫理と責任倫理とは相俟って真の政治的人間を作り出す要素である。そして「政治とは、情熱と判断力の二つを駆使しながら、堅い板に力をこめてじわっじわっと穴をくり貫いていく作業である」という。これは指導者たる資質を備えている人間にのみ可能なことであって、世の中への貢献を持して挫けない人間にして初めて可能である。政治を天職とするということはそうした重みを持つと彼は説いたのであった。

Ⅱ　政治権力

アリストテレス『政治学』（前四世紀）
——政治権力とは

アリストテレス（前三八四—前三二二）は古代ギリシアの哲学者。『政治学』は現実の国家分析から、実現可能な政体を論じる。

†ギリシア人にとってポリスとは

本書は政治学の古典中の古典である。古代ギリシア人の政治、ポリスの政治の理論的集大成を通して、政治を把握する基礎的な視点が展開されている。しかし、この作品の構造と内容はきわめて複雑であり、全てが体系的に論じられているわけではない。以下、三点に即して内容を紹介したい。

第一はポリスについての理解である。ポリスは生活のために発生したが、それは善き生活のために存在する最高の共同体であるというのが、アリストテレスの定義である。人間はポリス的動物であると彼は言う。つまり、人間は生まれながらにしてポリスを構成するように定められており、互いに協力しながら生きていく存在である。逆に言えば、言葉と善悪の感覚を持たない野獣はポリスを作ることができず、完全に自足した神はポリスを必要としない。孤立して生きられない人間にとってポリスは最高の共同体であり、人間としての可能性はそこで初めて十全に開花することになる、という。ポリスを離れては人間は人間であり得ないというこの発想はきわめてギリシア的であり、ポリスとそこでの政治活動がいかに重大な意味を持っていたかがうかがわれる。それは究極的には善き市民と善き人間との一致という議論に道を開くことになる。ギリシア人にとってポリスの喪失は単に政治的自由の喪失であるに止まらず、人間としての目的の喪失を意味したことがここに示唆されている。

『政治学』の最後の二巻は最善のポリスについての彼の構想が述べられている。ここには彼の師であるプラトンとの共通性が見られる。最善のポリスを論ずるためには最善の生活、最善の生について論じなければならないという議論の立て方は、先に述べた人間とポリスとの密接な関係を改めて確認したものである。ここで政治学と倫理学とが接点を持っている。この問題は政治共同体がお互いの人格の管理と評価と不可分であり、それが人口、面積双方において大きな限界があることにもつながっている。ここで描かれたポリスは濃密な共同体であり、小さなサイズを想定するものであった。アリストテレスの教えを受けたとされるアレクサンドロス大王が創設した大帝国はこうしたポリス政治学からすればまさに想像を絶したものであったに違いない。

†さまざまな支配関係

第二は権力の質的区別への注目である。この問題は家の統治、家政術をめぐる議論に手がかりを求めることができる。家の中には奴隷がおり、主人が奴隷を支配するという権力関係がある。アリストテレスは主人による奴隷支配を人間に対する人間の支配とは考えず、動物に対する人間の支配、肉体に対する魂の支配という正しい序列関係の現れであると主張する。主人との奴隷との間には平等な関係は一切存在しない（奴隷は生まれながらの奴隷である）、というのである。これに対して政治家による支配は、生まれつき自由な人間を相手にした支配であり、自由で互いに等しい者たちの間の支配である。それは究極的には相互に交代で支配するという仕組みに行き着くことになる。さらに親の子どもに対する支配のように、あくまでも後者の利益のために、圧倒的に卓越した存在である親が支配する場合もある（子どもと奴隷との違いに着目のこと）。こうした支配を王制的、貴族制的な支配とアリストテレスは呼んだのである。

ここには権力というものがあくまで人間の相互関係として成り立ち、その関係が異なるにつれて権力のあり方も目的も異なるという認識が見られる。家父長権とのアナロジーで政治的支配を説明するようなことが古くから広く流布し、安易に用いられてきたことを考えると、この指摘はきわめて重要である(ロック『政府論』を参照のこと)。同時に、こうした議論が人間の平等ではなく不平等への認識に基づいて誕生したこと、そうした不平等な関係の大海の中にあって政治的支配、政治権力が例外的存在として光彩を放っていたこと、政治学の関心が政治的支配、政治権力に自らの居所を持っていたことを確認する必要がある。

†六つの政体

第三は政体論である。政体とは実際に政治が行われる制度的仕組みやその目指す目標を意味する。アリストテレスはその経験主義から知られるように、単に最善の政体を構想したのみならず、ギリシアの膨大な数の政体を蒐集し、分析したと言われている。今日残されている『アテナイ人の国制』はその一つであるという。ところで彼は政体分析について政治学の課題を幾つかに分類している。第一は最善の政体とは何か、第二はどの政体がどの人民に適合的か、第三は現存の政体の保持・存続のための方策にどのようなものがあるか、第四は現状から見て全てのポリスに適合可能な政体とは何か、である。

ところで政体は二つの基準によって分類される。第一は、政体がポリスの目的である共通の利益を目指しているか、それとも支配者の利益だけを目指しているかという基準である。第二はその支配者が一人か、少数者か、多数者かという権力の担い手の数である。この二つの基準から六つの政体が導き出される。一人の支配で共通の利益を目標とするのが王制であり、それから逸脱したのが僭主制、少数者の支配で共通の利益を目標にするのが貴族制、それから逸脱したのが寡頭制、多数者の支配で共通の利益を目標にするのが国制であり、それから逸脱したのが民主制とされる。ここにその後の政治学の共通の出発点になった六政体論が登場した。このうち、最悪なのがポリスに対して主人的支配を試みる僭主制であり、次に位置するのが富が支配する寡頭制、善くない政体の中で相対的に悪くないのが自由の支配する民主制とされている。また、この六つの政体のうち、王制と貴族制はきわめて卓越した、有徳な人間による支配を意味し、歴史上の過去に属するか理論的なものであって、現実のポリスについての経験的分析においてはあまり大きな意味を持たない。従って、唯一の善き政体としての国制が具体的な検討の対象になっていく。

政体論の経験的分析の中で圧倒的に大きな位置を占めているのが民主制と寡頭制の分析である。これは当時のギリシアの政体の多くがこの双方に大なり小なり近かったという現実の反映であった。アリストテレスは民主制、寡頭制にはさまざまなタイプがあることを社会的基盤や制度的枠組みなどから詳細に分析し、その中での「悪さ加減」を確定しようとしている。民主制においては自由人の支配が多数を占める貧者の支配を意味すること、さらにそこで法が拘束力を持ち続けられるかどうか、最悪の民主制は大衆の決定が法に勝るものとなり、大衆の独裁制が成立する場合であることなどが述べられている。善き政体の一つである国制は穏健な寡頭制と穏健な民主制との混合物であり、具体的には中間的な財産を持つ人々からなる政体を意味する。そうした人々は支配されること、支配すること双方についてバランス感覚を持ち、友愛に基づく政治共同体の可能性が開けるからである。

アリストテレスの政体維持論はそれが悪しき政体の維持にまで言及している点を含め、興味深いものがある。民主制や寡頭制について言えば、総じて極端な統治を行うことは政体の寿命を短くすること、逆に言えば、穏健な政体運営を行うことがその変革（革命）を避ける上で最も得策であることが述べられている。これは見方によっては、国制への移行の勧めとして読むこともできよう。アリストテレスは最悪の政体である僭主制についてもその維持策を検討しているが、後年、マキアヴェッリの議論はアリストテレスのこの部分の敷衍であるといった解釈を生み出すことになった。ここまで来ると『政治学』という作品の内容上の複雑さ（や問題性）を改めて痛感せざるを得ない。

ホッブズ『リヴァイアサン』（一六五一）
――絶対的自由と絶対的権力

ホッブズ（一五八八―一六七九）は英国の哲学者・政治思想家。『リヴァイアサン』は絶対権力への服従を説いた主著。

†自然状態＝戦争状態

トーマス・ホッブズはデカルトに始まる近代哲学の忠実な継承者であり、学問の体系性、厳密性を政治の領域にも貫徹させようとした思想家であった。原因と結果の連鎖に関心を集中し、機械論と唯物論によって哲学をアリストテレス以来の伝統から解放することを試み、学問の目的をフランシス・ベーコンにならい人類の進歩と生活の改善に求めた。折から英国ではピューリタン革命が起こり、それまでの秩序は崩壊に瀕した。彼は自らの哲学精神を基盤にして新しい政治学を樹立し、この内乱の彼方に実現されるべき秩序を構想したのであった。『リヴァイアサン』は徹底した哲学精神の生み出した古典中の古典である。

彼によれば、政治社会（commonwealth）は人間を素材とし、人間が創造者である巨大な人為的人間である。政治社会は作られたものであって、自然のものではない。政治学の任務はその究極の構成要素である人間を究明し、その発生する諸連関によってそれを再構成することにある。『リヴァイアサン』の第一部が「人間について」と命名されているのはこのためである。ホッブズにおいて人間は感覚によって支配される一個の動物として現れ、人間の知的成長は感覚の痕跡とその集積としての経験に専ら依存している。経験からする推理能力は個別的な事象についての判断力としての思慮を生み出すが、他の動物と人間を差別化する言葉を勤勉に用いる努力の果てに初めて普遍的妥当性を持つ技術や学問を習得することができる。そこに人間の発展と幸福への道が開かれると彼は論じた。

善悪についてもホッブズは生得観念を否定し、その基準を快楽の追求と苦痛の回避に求めた。人間は一個の感覚的な動物であり、これを批判するのは人間であることを止めろというに等しいと彼は言う。ところで人間の快楽は「継続的な成功」によってのみ満たされ、しかも、他人との比較考量によっても快楽と苦痛は大きく影響される（他人に対する優越感は快楽の大きな要因になる）。そこで人間は権力の追求へと関心を向ける。彼は権力を「善だとおもわれる将来のなにものかを獲得するために、かれが現在もっている道具」と定義した。「継続的な成功」と他者との比較考量をエンジンとして、これは不断に権力を求め続ける態度につながっていく。「つぎからつぎへと力をもとめ、死においてのみ消滅する、永久の、やすむことのない意欲」を彼は人間の特徴としてあげている。その結果、人間は互いに競争し、やがては敵対的関係に入り込むことになる。人間のこうした敵対関係をさらに補強する議論としてホッブズは人間の平等を力説し、「万人の万人に対する戦争」という有名な主張を導き出す。自然状態は戦争状態であり、そこでは力と欺瞞が猛威を振るい、継続的な恐怖と横死の危険があらゆる人を待ち構えている。かくして「人間の生活は孤独でまずしく、つらく残忍で短い」ことになる。

この個人の平等と自由をホッブズは自然権（right of nature）という概念によって正当化する。すなわち、自然権とは各人が自らの生命を維持するために、自らの欲するままに自らの力を行使する各人の自由を意味する。そして、他人の生命もまたこの限りで攻撃の対象になり得る。自然権によって戦争状態は正当化されたことになる。人類が進歩と福利を得るためには何よりも平和が必要となる。人間を平和へと突き動かすのは恐怖である。平和の実現に必要な原則は自然法（law of nature）であり、平和への努力が各人の義務として説かれる。しかしながら、この義務づけはお互いに出し抜かないかどうかという相互不信感によって苛まれ、お互いの約束の拘束力は大きな限界にぶつかる。

†絶対権力の樹立

第二部「政治社会について」は、外敵を防ぎ、相互侵害を防ぎ、労働の成果を維持し、満足した生活を送るためには「共通の権力」を樹立する必要に迫られるところから始まる。ここで万人の平等の論理からしてあらかじめ支配者と被支配者があるという前提に立った議論はできない（支配服従契約は修正を余儀なくされる）。そこでホッブズは、全員がその全ての力と強さとを一人または一つの合議体に与え、この一人またはこの合議体を代理人とし、自らをこの代理人の本人とし、その判断に従うことを互いに契約しあうということで、この難問を解決しようとした。

この一風変わった（第三者のためにする契約とでもいうべき）社会契約によって、代理人を主権者、本人を臣民とする政治社会がここに誕生することになる。ここでは主権者と臣民とは代理人・本人の論理によって同一化され、事実上、主権者は絶対的権力を持つことになる。具体的には立法権、司法権、外交権、課税権、人事権などが主権者に帰属するが、これらはいずれも絶対的で不可譲の権利であり、臣民の権力と名誉はその前に消失する。かくしてアナーキーと戦争状態から、一転して絶対権力の下での平和が出現する。

ここではホッブズはボダンに始まる主権論の忠実な継承者であり、例えば、伝統的な王政と僭主政との区別といった議論（この区別を前提にして抵抗権などが導き出されたのであったが）はここではそもそも存在する余地がない。また、法は「主権者の命令」とされ、コモンローに基礎を置く法の支配はその根拠を失った。また、英国国制として語られてきた混合政体についてもホッブズは全くその価値を認めない。この主権者の主たる任務は安全と繁栄の増進にあり、経済的な価値と絶対権力との興味深い結合が見られる。ホッブズはこの絶対権力が脅威にさらされないよう、細心の注意を払っている。

例えば、臣民はこの絶対権力にそぐわないような意見を持たないよう教育するべきだとホッブズは繰り返し主張する。もし人々が納得してこの権力を樹立したのであれば改めて教育しなければならないという議論は些か奇妙であるが、ホッブズの人間が政治社会成立後も専ら恐怖によって主権者に服従するものと考えられていたとすれば、この議論は説得性を持つ。それは究極的には契約は権力なしには拘束力を持たないと言いつつ、契約によって権力を樹立しようとしたという、ある種の矛盾ないし困難の結果でもあった。また、国家状態においても各人はいったん自らの生命が問題になれば抵抗権を留保していることは、自然権と自然状態は政治社会においてもなお継続していることを示唆するものである。

†宗教への対応

第二部の末尾から第三部、第四部は宗教に関する議論である。彼は宗教の人間に対する大きな影響力に終始一貫細心の注意を払った。宗教は何よりも、出来事の原因を無限に探求しようとする人間に特有の傾向の産物であり、原因が発見できないと想像によって恐ろしい、目に見えない存在を仮定するところにまで及ぶ現象とされる。この不可視な存在に対する永続する恐怖感は宗教に人間を支配する権力を与えることになる。ホッブズの眼前で繰り広げられたピューリタン革命には紛れもなく宗教の力が大きく作用した。

この第三部、第四部においてホッブズは一方で伝統から生まれた教会のこの世における権力を擁護する議論を逐一反駁しつつ（特に、カトリック教会に対する批判はきわめて厳しい）、他方で、教会の世俗的な支配権を徹底的に排除し、主権者へのこの世の権力の一元化を貫徹しようと試みている。問題の根本は救済のために神に従うということと主権者に従うということとの間の矛盾をなくすことであり、ホッブズは救済に必要な教義は「イエスは救世主である」という教義と、自然法および国法への服従に尽きるという議論を展開している。かくして、主権者は教会の権威から自由になるとともに宗教に対する一定の統制権を手にし、宗教に乗じた内乱と無秩序を防止する手段を手にすることができた。安全と平和の実現にとって宗教的熱狂がいかに危険な存在であるかを、『リヴァイアサン』の約半分を宗教論に費やすことによってホッブズは伝えようとしたのであった。

ロック『政府論』（一六九〇）
――社会契約による政治権力の構成

ロック（一六三二―一七〇四）は英国の哲学者・政治思想家。『政府論』は自由で平等な個人の契約による国家観を提唱した。

†ジョン・ロックの自然法観

『政府論』の第一部はロバート・フィルマーの『パトリアーカ』の批判である。人類の始祖アダムの私的支配権と父親としての裁判権にあらゆる権力の基盤を求めようとする議論に徹底的な批判が加えられるが、そこで重要なのはさまざまな権力を一緒くたにして議論することは誤りであるという（アリストテレス的な）視点である。これを受けて第二部はその中の政治権力の質的特性を明らかにすることを目標にして展開される。

まず、ロックは自然状態を、各人が自然法の範囲内で、他人に依存したり、他人の許可を求めたりすることなく、自らの所有物と人格を自ら適当と考えるように処置し、行動する完全に自由な状態であるとする。それはまた平等な状態であり、全ての権力と裁定は相互的であり、明瞭な意思表示なしには上下関係は成立しない。ホッブズの自然状態と同様、人間は互いに自由で平等であるが、他面においてその自由はあくまでも自然法の枠によって限定されている点で自然権に違いがある。ロックにおいて自然法は自然権の単なる運用原理ではなく、それを根拠づけ、制約するものとして現れている。ロックには自然法についての論稿があるが、そこでも自然法は「神の命令」であり、人間を義務づけるものと考えられている。各人が相互にその生命、自由、財産を侵害しないことが自然法を遵守するということの意味である。

自然法はいわば平和と自己保存を可能にするルールである。自然法は自他の生命を勝手に処理することを許さず、この前提の上で相互に生命を尊重するルールが確立する。また、自然状態においては自然法の解釈と執行は各人の手に委ねられ、各人は平等に自然法違反者に対して制裁を加える権利を認められている。こうした中で他人の生命や自由に対する意図的な攻撃が行われた場合、自然状態は戦争状態に転化する。こうした自然法違反を行う人間はもはや野獣であるという判断から、例外的に奴隷にすることができるとされる。

ロックの自然状態論に特徴的なのはその所有権論である。神は万物を共有物として人類の自己保存のために与えたのであるが、そこから労働によって所有権が成立すること（労働価値説と後に呼ばれるようになったもの）を自然法によって基礎づけたのである。言うまでもなく、この議論は勤労に対する積極的評価に基づくものであるが、所有権が排他性を持つために、他者の自己保存（これもまた自然法に根拠があった）がそれによって結果的に損われるのではないかという難点があった（労働による蓄積の限界の問題）。この限界をどのように突破していったかについてはここで立ち入らないが、はっきりと浮かび上がってくるのは勤勉で打算的な人間とそうでない人間との差異の存在である。所有権論を経ることによって、自由で平等な自然状態はより具体的な姿を現すとともに、自然状態がそれほど平和な状態でない可能性を示唆することになる。実際、ロックは自然状態が恐怖と不断の危険と隣り合わせの状態であるとも述べている。かくして各人が自然法の解釈・執行権を持つ自然状態の限界が露わになってくる。

†政治権力の成立

ロックによれば、人間は生来自由、平等、独立した存在であり、自らの同意なしにこの状態を放棄し、他人の権力に服従することはできない。従って、政治社会（civil society）はある数の人間が相互に自然の自由を放棄し、快適で安全、平和な生活のために政治体を作り、多数決でその意志決定をするという同意を行うことによって成立する。ここで放棄されるのは自然法の解釈・執行権である自然的権力(natural power)であり、今やそれに代わって多数の意志が自然法の解釈・執行者になり、各人はそれに服従すべきものとなる。

ここで明らかなように、ロックは政治権力を自由で平等な人間が契約によって、快適で安全、平和な生活のために作ったものとしたが、これは他の権力とはっきり区別されるべきものであった。親の子供に対する権力はあくまで子供が肉体的精神的に未熟な状態にあることを踏まえて、一定の時間の範囲内で自然法に基づいて成立する権力である。それはあくまでも子供のために行使されるべき権力であり、恣意的で絶対的支配とは性格を異にする。また、主人の奴隷支配は奴隷が人間としての権利を喪失したことに発する権力であり、主人の利益のために権力が行使されることになる。いわゆる絶対王政についてロックは支配者が自然状態に止まり、他の人間は自然的権力を剝奪された状態であって、きわめて非対称的な支配関係であるとしている。それは「狐によって加えられる害悪を除去しようとして獅子によって貪り食われるようなもの」であり、それに比べれば自然状態の方がまだましであるとしている。

†二権分立と「政府の解体」

政治社会の任務は自然法の解釈・執行権の集中管理にあるが、それはやがて政治機構の問題になっていく。政体は最高権力である立法権の構成によって決定されるが、どのような政体にするかの選択は先の契約で言われた多数派の自由な判断による。この多数派が自ら立法権を行使する場合には民主政と呼ばれ、それを他に授権するとして少数の者に授権する場合には寡頭政、一人に授権する場合には王政、さらにはこれらの組み合わせたものに授権する場合には混合政体(compounded and mixed form)が誕生することになる。

ロックにおいて、立法権は最高の権力であるが、決して無制限の権力を持っているわけではない。何よりも、その発生根拠からして、自然法の遵守が求められる。すなわち、社会の保存と公共の善と両立する限り、各人の自己保存を達成することが立法権の課題であり、生命や自由、財産に対する恣意的・絶対的権力は彼らにはない(そもそもそうした権力は誰にもない)。特に、最高の権力を持つ人民の同意なしに私有財産に対して課税をすることはできない。また、立法権を人民以外のいかなる存在にも譲渡してはならない。ここで注目されるのは最高の権力が立法権にも人民にもあるとされていることで、通常の場合、これは人民の代表が立法権の一部を構成していることを意味している。

また、ロックは執行権の担い手が立法権の担い手の一部分を構成すると考えており、その意味では彼の立法権のイメージは英国議会の現実と重なり合っていると言えよう。逆に言えば、社会契約の中で登場した多数派は政治的主体として登場することが期待されておらず、伝統的機構によってそのエネルギーを吸い取られてしまったと解釈することができる。立法権は常設のものではなく、これに対して執行権は不断に法を執行し、併せて外交関係を処理する主体として立ち現れる。執行権は力の行使を担当し、君主がその担い手として想定されているが、立法権はそれに優位すべきものであり、執行権に対しては人民の信託があると考えられている。

立法権や執行権がその本来の任務を怠り、その任務から逸脱した場合どうするのか。ここでロックは「政治社会の解体」と区別される「政府の解体」という概念を動員する。そもそもこうした逸脱が発生したかどうかの究極の判定者は人民であり、それは政府が人民と戦争状態に入ることを意味する。ロックは決して安易に抵抗権を主張しようとするわけではないが、人民の判断が踏みにじられ続ける場合、「天に訴える」しか方法がないという形で暗に抵抗権の発動もやむを得ないものとしている。政治社会から権力の運用を任された機関がその任務を果たさない場合、「政府の解体」によって権力は再び政治社会の多数派の手に戻ることになるのであって、決して自然状態に戻るわけではないのである。

モンテスキュー『法の精神』(一七四八)

——権力の制限と制度へのまなざし

モンテスキュー(一六八九—一七五五)はフランスの啓蒙思想家・法律家。『法の精神』は三権分立を主張した書として名高い。

†法の諸条件

自然権、自然法を根拠に権力の制限と自由な体制の弁証を行ったのがロックであったとすれば、政治生活の多様な条件の考察を通して自由な体制の可能性を追求したのがモンテスキューであった。彼の前にはブルボン朝の絶対主義があり、啓蒙思想の中には啓蒙専制君主に期待をかける潮流が見られた。モンテスキューは啓蒙専制政に期待をかける潮流と距離を置きつつ、制度論などを駆使してそれとは違う権力のあり方を模索したのであった。『法の精神』という作品はきわめて有名であるが、決して読みやすいものではない。一見単に無秩序な印象を与える作品であることは早くから指摘されてきた。それゆえ、この多様な歴史的・経験的事実への言及の背後にある意図を見つけ出すことが大切になる。彼の議論の出発点は自然法である。それは究極のところ、個々人や家族の安全と平和を内容とするものであった。しかし、彼の自然法は未開時代のルールであり、ロックの自然法のようにそのままでは文明社会に適用することはできない。それが現実性を持つためには、その原理を多様な現状に合わせて解釈する理性の作業を必要としている。これは立法者の役割、その判断力や思慮の重要性を意味している。

法は一方で自然法に基礎を置きつつも、他方で諸民族のさまざまな条件に適合しなければならない。まず、政体の本性や原理に適合しなければならない。それはまた、国土の自然的条件、すなわち、気候の寒暖、国土の地味や位置、広さ等の他、民族の生活様式——農耕民か、遊牧民かなど——に対応するものでなければならない。また、政体の認める自由の大小、宗教や性向、豊かさ、交易、風俗や習慣と適合したものでなければならない。その上、法は相互に規定し合うものであることは言うまでもない。このように法は多様な自然的、歴史的、倫理的な条件と一定の関係を持ち、民族ごとに固有の、相対的な性格を持つことになる。彼は自然法や理性といった抽象的・絶対的原理によって法を規定しようとせず、同時にそれは法を「主権者の命令」とする絶対主義の立場への痛烈なアンチ・テーゼでもあった。この法の社会学は立法を決定論的に捉えようとするものではなく、一定の条件下での立法者の活動の重要性を否定するものではなかった。政治の全能性を拒否する一方で、限界の中での政治の創造性に目配りをしているのである。

†政体の分析

法のあり方を規定する最も重要な要素は政府の形態である。彼は政体を共和政（gouvernement républicain）、王政（gouvernement monarchique）、専制政（gouvernement despotique）の三つに分け、その各を本性と原理の二側面から分析する。ここで本性とは政府の存在形式、制度的構造を指し、原理とはそれを動かす人間の情念を指す。共和政の本性は人民全体またはその一部が主権を持つものであり、それに応じて民主政と貴族政とに分けられる。民主政においては人民が可能な限り自ら統治し、自ら法を作る。彼らは自らの代理人をおいてリーダーとし、それを尊重する。投票の平等性がここでは肝心である。貴族政では一定の不平等が制度化され、貴族団が全能の支配者となる。民主政の原理は政治的徳であり、自らの利益よりも公共の利益を重んずる自己犠牲、祖国への愛である。そこでは全ての人間が祖国に献身することを唯一の幸福と考え、自らの所有をそれとの対比で軽く考える点で質素への愛を含んでいる。貴族政にあっては貴族団の内部で節度という徳が必要とされる。

王政は王を全ての権力の源泉とするが、その支配が法に従って行われる政体である。王の権力を現実に抑制するのが従属的中間権力、すなわち、貴族である。従って、貴族の存在は王政の本性であり、「君主なくして貴族なく、貴族なくして君主なし」というのが、王政の大原則である。このように王政は身分制的編成を伴ったものである。また、法の支配を維持するために「法の登録所」が存在し、王から独立して基本法の擁護者となる。高等法院は「法の登録所」の代表例と考えられる。王政の原理は野心に基づく「名誉」であり、各階層が野心と特殊利益とを求めて活動しつつ、結果として共同の利益の実現に寄与することになる。名誉は他者への優越、高貴さ、率直さを特徴とし、王もそれを尊重する義務を負う。この「名誉」概念は「無秩序の秩序」を生み出すものとされ、「見えざる手」という概念の先駆的な現れである。

専制政は一人の君主が権力を独占することをその本性とし、基本法や「法の登録所」による拘束はない。端的に言えば、君主の気紛れによって政治が行われ、大臣以下は君主の奴隷の域を出ない。それを制約できるのは宗教と慣習のみである。その原理は「恐怖」であり、君主は常に臣下を威嚇し、恐怖を植えつけることが必要である。王政がヨーロッパの王国を念頭に置いたものだとすれば、専制政は中国や中東を念頭に置いたものである。

この政体論は彼の関心が王政と専制政にあったことを如実に示している。これはフランスの現実に対する危惧の念を現している（これは『ペルシャ人の手紙』以来の危惧である）。専制政の防止が『法の精神』の一つの隠れたテーマであることは疑う余地はない。また、共和政への関心は『ローマ人盛衰原因論』に見られるように高いが、彼は決していわゆる共和主義者ではなかった。

彼の共和政批判は実に多岐にわたっている。厳格な教育に支えられた政治的な徳と自己犠牲の理念は、彼には人間の利己的性格に背反する「奇怪なもの」と映った。しかも、公共精神の発露が戦争と征服、奴隷制の繰り返しであったことは、共和政の人間性を疑わしめ、自然法にそぐわないものと映った。その上、共和政には安全と権利を保護する仕組みが欠けていたこと、そして何よりも、人民の自由を人民の権力とイコールであると考え、権力制限の必要性の意識を欠いていたことは致命的欠陥であった。モンテスキューによれば、政治的自由は法の支配と結びついており、従って、無制限な徳の支配に対しても制限が必要なのである。かくして共和政と専制政は共に「制限政体」（王政）と対置させられることになる。

†英国にみる「自由な政体」

「自由な政体」とは安全と権利が守られる政体であり、そのためには権力の制限と法の支配が必要だという議論の文脈において、有名な英国の国家構造が検討の俎上に上る。そこでは三権の担い手を分ける必要が論じられた後、英国議会の構成と権限（立法権と執行権の監視）、王の執行権と議会との均衡、裁判権の担い手としての陪審制について論じられている。ここで諸権力主体の調整を全体として行っているのは貴族団であるというのがモンテスキューの見解である。また、英国国制の原理としての自由の気風とその多様な現れ、例えば、商業と競争の精神の活発化などに言及が行われている。

モンテスキューの関心はあくまでフランスの政治的運命にあったが、そのことは『法の精神』の最後の部分に明らかである。彼は商業の効用に大きな期待を抱いている。商業は庶民の勤勉とエネルギーを解放し、習俗を温和にする効果があるのみならず、征服や戦争に熱中することなく平和を愛好する気風を定着させ、専制政に対する歯止めとしての効果を持っている。さらに彼はその王政論からイメージされるように貴族の奮起を求める。法服貴族であれ、帯剣貴族であれ、権力の均衡を回復する役割を負うのはこれら貴族である。王政の原理である「名誉」の活力を復活させること、これなしには王政の復活はあり得ないと彼は考えた。「自由な政体」と権力分立との関係を彼は一貫して注視したが、この権力分立はあくまで身分制を踏まえたものであった。

バーク『フランス革命についての考察』(一七九〇)
——保守主義のバイブル

バーク(一七二九—一七九七)は英国の政治家・思想家。『フランス革命についての考察』は後の保守主義に多大な影響を与えた。

†「自由な国制」の擁護

エドマンド・バークは名誉革命によって誕生した英国の「自由な国制」の戦闘的な擁護者であり、国王権力の拡張を企てる宮廷党に対して一貫して反対し、議会本来の役割を回復すべきだと論じた議員の一人であった。彼の有名な政党の定義、すなわち、「政党とは、全員の合意する特定の原則に基づき、共同の努力によって国民の利益を促進するために結合した人間の団体である」という定義は、こうした政治活動の中から誕生した。「自由な国制」の擁護という国民の利益の促進こそ、政党と個人的・利己的利益を追求する徒党との差別化の根拠とされたのであった。また、アメリカの独立要求に対しては、英国議会がもはやアメリカ植民地の意向を実質的に代表している状態にないことを根拠に、より宥和的な政策によって事態を収拾すべきだと説いた。その意味ではバークは決して頑迷固陋な保守派とは見られていなかった。

フランス革命が始まると英国の世論は革命に対して好意的であり、英国流の制限君主政の実現を期待する声も少なくなかった。さらにはフランス革命の原理に従って英国国制を改革すべきだという主張も現れ始めた。バークは当初からこの革命を「奇怪な現象」、「恐るべき疫病」と見なし、「人間の権利」を原理とするこの革命が名誉革命と英国国制とは全く異なった前提に立つものであるという確信を深めていった。『フランス革命についての考察』をバークの転向の証だとする見方もあったが、実際には「自由な国制」についての彼の理解と信念に基づく批判と読むべきものである。

†伝統と慣習の重要性

彼にとって人間は習慣の創造物であり、社会的動物として自らの生きる社会の先入観(prejudice)によって支配され、その中で過去、現在、未来の連続性を当然のものとして生活している。社会は人間にとってさながら一個の自然であり、自然状態は単なる野蛮な状態として自然権論のように人間の自由と権利の源泉とはならない。社会は「作られるもの」ではなく「成長するもの」であり、理性の役割はこの先入観の枠内で機能することにあるのであって、先入観を分析したり、ましてやそれを解体することにあるのではない。社会は慣習（法）の蓄積であり、名誉革命は古来の法と自由との保持ないし回復を目的とするものと解釈される。全ての権利は父祖から相続されたものであり、あくまで「イギリス人の権利」であって、「人間の権利」ではない。つまり、自由や権利は歴史の中で成長してきたものであり、あくまで具体的なものと考えられる。従って、「人間の権利」といった抽象的な理論に依拠した自由と権利の擁護といった議論そのものとは異質である。「自由な国制」としての英国国制においてはこうした伝統と慣習に彩られた自由と権利の保持が課題であり、その限りにおいて専制政治は論外である。そこでは世襲制的権力体系が当然のように維持され、国王や貴族、民衆はそれぞれにその与えられた役割を果たすことが期待される。特に、バーク自身もその一員であった下院こそは「自由な国制」の実質的な担い手とされ、身分的地位に基づかない教養ある経験豊かなエリートたち（natural aristocracy）がリーダーシップを発揮するのが自然の姿と考えられる。民衆はあくまでも保護の対象であり、政治的平等と民主化は論外である。最後にこの国制を支えるのは宗教であり、この体制の聖化と再生産に大きく寄与している。各メンバーは一つの聖なる秩序の維持と再生産に寄与していることを実感できることになる。いずれにせよ、ここでは権力は幾重にも制約を受け、宗教や世論によって不断に制限されるものとなる。

†フランス革命への仮借なき批判

このような彼の秩序観、権力観に基づき、彼はフランス革命の異常さ、新しさ、危険性を容赦なく指摘する。バークにはフランス革命は「人間の権利」という抽象的原理に基づく革命であり、それは先入観と社会的紐帯の中でのみ自由が可能になるという人間的現実を無視し、実際には人間を「野生の自然状態」に戻してしまうものに他ならないものと映った。それは教会をも含めて社会的紐帯を全て破壊し、人間の社会的まとまりの手がかりとなるものを次々と破壊してしまった。国王を排除して国政の安定性、連続性の要素を破壊してしまった。貴族制的要素は政治的平等の教義によって無視され、後述するように、いい加減な人間たちが権力を壟断する状態を招いた。バークが理想とするリーダーと民衆との距離感と調和はどこにも見られない。

それでは革命はどこに行き着くのであろうか。この点についてバークは異常な鋭さをもって、それはアナーキーに行き着くという診断を下した。すなわち、「人間の権利」という抽象的原理に基づく革命は社会の紐帯を全て破壊することによって、かつて身分制の下に社会的に編成されていたフランス人を相互にばらばらな巨大なマスへと解体してしまう。

そこで登場するのは完全民主政、絶対民主政であるが、そこでは権力を制限できる先入観や世論、さらには宗教ももはや存在しない。つまり、専制政治を防止する装置がなくなってしまったのである。先入観が支配しない、「野生の自然状態」においては人間の野蛮さが歯止めを失い、それはやがてこれまで地上に存在した権力の中で最も恣意的な巨大な権力の誕生につながるだろう。特に、軍において人気を博した人間がフランスの主人となり、軍事的民主政が誕生するのではないか、と。ナポレオンの登場に先立ってバークはこのようにフランス革命の命運を占ったのであった。

†政治リーダーと実践的知恵

バークのフランス革命論において政治的に興味深いのはリーダー論である。バークは先に述べたように「自由な国制」が無作為で安定的に存続するものとは考えず、リーダーはその存続のために一定の作為や活動をしなければならないことを力説してきた。政治エリートのこうした能力をバークは思慮（prudence）や実践的知恵（practical wisdom）、正しい理性と呼んでいる。これに対してフランス革命は哲学的な革命であり、形而上学者や哲学者によって行われた革命であるというのが、彼の診断であった。つまり、フランス革命は「思弁」に基づく革命であった。

彼によれば、前者は可変的、個別的な事柄に関係するのに対して、後者は普遍的、普遍的な事柄を扱う知的能力である。前者はアプリオリに教えられることは不可能で、単純さや普遍性、正確さを求める理論に対して専ら例外を処理する特殊なスキルであり、長い経験によってのみ獲得可能である。その意味で言えば、「人間の権利」という抽象的原理に基づき、政治的な思慮とスキルのない「成り上がり者」「詐欺師」「ペテン師」によって強行されたのがフランス革命であったということになる。このようにバークのフランス革命のリーダーたちに対する罵倒は限界を知らないほど激しいものであった。しかし、そこにはアリストテレス以来の理論と実践の問題が継承されていることを見失ってはならない。

バークは『フランス革命についての考察』の中で「騎士の時代は過ぎ去った。その後に詭弁屋、物質主義者、打算的人間の時代が来た」と述べた。バークにとってフランス革命の批判、それとの対決は単に政治的な意味に止まるものではなかった。それが全く新しい理論と主義に基づく革命である限りにおいて、それは同時に反文明的、反道徳的、反宗教的な現象であり、それとの対決は文明・道徳・政治秩序・宗教に味方する者と、全てを変革しようとする野望の持ち主や無神論者との対決を意味した。両者の間にはもはや妥協の余地はなく、バークはこの伝染性を持った疫病との妥協なき闘いの先頭に立った。バークはフランス革命を打倒する神聖十字軍のイデオロギー的先駆者になったのである。

Ⅲ 政治と徳

プラトン『国家（ポリテイア）』（前四世紀）
――魂を改善し、徳を実現するポリスを求めて

『国家』は壮年期プラトンの大作で、魂における正義が人間を幸福にすると説き、どのようなポリスがそれを実現するかを問うた。

†理想のポリスとは

『ゴルギアス』が示しているように、プラトンにおいて政治の問題は「魂への配慮」と不可分のものと考えられていた。『国家』は「正義とは何か」という議論から始まり、人間の社会関係のルールとしての正義がさまざまに論じられている。しかし、やがて正義を魂のあり方との関係で論じられるべきだとされるが、魂を直接吟味することができないことから、同じように正義を実現しているより大きな対象であるポリスが手がかりとして用いられることになる。ポリスと魂は正義に即してさながら相似形として扱われる。

プラトンは現実のポリスとの対比で理想のポリスを三つの階層からなるものであるとし

た。まず、経済活動に専念する大きな階層とそれを守護する守護者層に分かれるが、後者はさらに政治に携わる真の守護者層と軍事に関わる補助者層に分けられる。ポリスが正義を実現できるかどうかは守護者層の質に依存しており、『国家』のポリス論は守護者層の教育とそのあり方にほとんど向けられる。守護者には何よりも肉体的卓越性と並んで知を愛する素質が求められ、その上できわめて厳格な教育プログラムが課せられる。例えば、ホメロス以来のギリシア神話や悲劇は教材として不適当なものとされ、「言論の自由」は存在する余地がない。

さらに有名なのは、私的関心と私的利害の基盤としての家の破壊である。守護者層はポリス全体の奉仕者でなければならず、内部対立を根絶することが求められるからである。私的財産の禁止と女性（男性）や子供の共有といった、プラトンの共産主義がここから導き出される。そうしてこそこのポリスは強者による弱者の支配ではなく、勝《すぐ》れた人間（金銀を内に持つ人間）によるより劣った人間（鉄と銅を内に持つ人間）に対する支配になることができる。また、個人はその資質と能力に応じて階層間を移動する余地が認められている。

このポリスは四つの徳を備えている。知恵を体現するのはポリスの真の守護者であり、補助者階層は勇気を体現している。節制は望ましい秩序についてこれら三つの階層の間で了解の一致があることに見られ、正義はポリスのメンバーが自らの素質にかなった任務を担当し、他を侵害しない状態が実現していることにある。この卓越した要素（人間）の支配（アリストクラシー）こそがプラトンの理想の秩序であり、彼はそれを幾何学的平等の現実化と考えた。

†哲人王論

このようなポリスはいかにして実現可能か。これへの応答が政治権力と哲学との一致として有名な哲人王論である。ここで念頭に置かれている哲学者とは単なる理論家ではなく、勝れた人格的資質と卓越した実践能力の持ち主として描かれる。哲人王は事物の究極的真理を把握し、堕落した現実に対して一種の革命を行う役割を持っている。従って、あらゆる学問を究め、「善のイデア」という万物の究極にあるものに到達するために長い努力が求められる。それは経験的・感覚的世界から自らの魂を解き放ち、万物の秩序を観照する道程であり、単に諸々の知識を外から詰め込むことを意味するものではない。このような人間が出現してこそ、人間たちはこれまでの習慣から自由になり、「魂への配慮」を現実化するポリスがはじめて可能になる、と。「洞窟の比喩」は人間が洞窟（現実の世界）から自らを解き放ち、太陽の光（「善のイデア」）を直接目にし、再び洞窟に戻ってきて人々を鎖から解き放つという、哲学者の上昇と下降のダイナミックスを示したものとして有名である。

しかしここで忘れてならないのは、プラトンにとって魂のあり方、その正義が最も重要な課題であったことである。魂の中にはポリスの三つの階層に応じて三つの部分が存在する。欲望的部分、気概的部分、理知的部分がそれである。そしてポリスにおいて三つの階層の間にあるべき秩序が実現していたように、魂の卓越性はそれとパラレルに説明されることになる。すなわち、知恵のある人間とは各部分および魂全体の秩序を知っている理知的部分が魂全体を支配する人間のことであり、勇気ある人間というのは気概的部分が正当な形で自己主張をする魂を持った人間のことである。具体的に言えば、気概的部分は理知的部分に服従することを前提にした自己主張でなければならない。そして節制ある人間とは魂の各部分の間の支配服従間関係がポリスの場合と同じように正しく律せられ、正しい人間というのは魂の各部分が自らの本来の任務を果たして他を侵害するようなことをしない人間のことである。

†ポリスと魂

プラトンは理想のポリスを王政（バシレイア）ないし貴族政（アリストクラティア）と読

んだが、こうした卓越性を備えた人間はそれと対応する魂の構造を持った人間であった。これに対してスパルタに見られる名誉中心の国制は知者の支配が失われ、戦士団が支配する政体であり、本来理知的部分に従うべき気概的部分が自ら支配しようとする魂の持ち主に対応するものである（傲慢で名誉心が強く、戦争に熱中する人間）。経済的階層が支配するようになると、ポリスは肉体的・物質的欲望が支配する体制へと移行する。まず、富の追求と蓄積を目的にして金持ちが政治を行う寡頭政（オリガルキア）が現れる。これは人間に即して言えば、欲望的部分が富の蓄積を目標に他の部分を支配し、外見的に如才なく振舞う人間に対応する。次いで登場する民衆政（デーモクラティア）は平等と「好きなように生きる自由」が国制の大原則になり、秩序自身が見失われる。人間の魂に即して言えば、魂が欲望的部分の指示するままに左右される構造を欠いた状態、無秩序な状態がそれである。僭主政（テュラニス）は人間の中で最も劣悪な人間が力によって支配する体制であり、王政や貴族政を逆立ちさせた最悪の国制である。人間で言えば、欲望的部分の中で最も野獣的な部分によって支配される人間がそれに相当する。

†霊魂の不滅とポリスの役割

ポリスと魂との構造的な相似性の議論と並んでポリスが魂に及ぼす影響、両者の関係も検討しなければならない。政治術を「魂への配慮」と考えるプラトンにとってこれは重要なテーマであった。その際、あらかじめ確認しておかなければならないのは永遠なのはポリスではなく魂であり、ポリスの魂といったものはないということである。これはプラトンの議論を個人をポリスに没入させるという観点からのみ見るのは間違いであることを意味する。プラトンにとって大切なのは魂であって、ポリスは主ではなく従である。『国家』が「エルの神話」という死後における魂の運命と再生についての物語で終わっているのは、魂のあり方が魂の運命を決するものであること、この世において魂がどうあるかが永遠にわたる一貫した主題であったことを物語っている。

政治術が「魂への配慮」をその核心とするものであったが、まさにポリスの目的は魂を改良し、卓越性を実現し、その永遠の運命に寄与することにあった。理想のポリスが求められたのはそのためで、魂のあるべき姿の追求のために自由は制限され、仮借のない教育や制度の導入が図られたのである。守護者階層に属する人間たちは自らの魂のためのみならず、他の人間たちの魂の改善と改良のために限りない献身が求められたのであった。欲望的部分に対応する経済的階層にしても、王政ないし貴族政の下にあっては一定の節制と正義とを身につけ、知恵の支配の大切さを学ぶことになる。つまり、彼らも寡頭政的な人間や民衆政的な人間とは違った秩序を内に秘めた人間になることが想定されている。経済活動を支配するルールは彼らに規律を与え、欲望的部分の肥大化と暴走に歯止めをかける役割を果たすものと期待されるのであって、守護者階層の魂のみが改良されるものではない。

孔子『論語』（成立年代未定）

——仁の政治

孔子（前五五二—前四七九）は古代中国の思想家。『論語』は門人による孔子の言行録である。四書のひとつをなす。

†堯舜の治へ

『論語』は東アジアの政治的伝統に絶大な影響を与えた書として古典の位置を占める。春秋時代の魯の国に生まれた孔子は、時には各国を放浪しながら政治の改革を自らの天命と考え、権力者たちとの接触を行いながら、それに従事する指導的人材（君子）の教育に尽《じん》瘁《すい》した。『論語』に収録された短い対話にはこの教育の実践の姿を髣髴とさせるもの、さらには政治に携わる者の心得についての多くの指針が含まれている。

その政治思考の骨格としては、政治秩序の乱れについての深い慨嘆が全編を彩っている。言うまでもなく、春秋時代は周の権力が衰え、十二の列国が互いに戦争を繰り返すとともにに、いわゆる下剋上が起こり、彼の生国魯においても君主の権力は卿へ、やがて陪臣へと下降していった。孔子はこのような世の乱れを救う手立てを周公（周の文王の子、武王の弟）によって定められた礼の制度の復活に求めた。つまり、過去にあった制度の探求とその復活が彼の政治についての物の見方を規定することになる。『詩経』や『書経』などがそうした伝統を知るための手がかりとなる。しかも彼の理想とする政治制度は周を越えて殷、夏、さらには堯、舜、禹といった伝説の支配者へとつながるものであった。

『論語』には彼のこうした態度を示す字句が多数収められている。孔子は「周の文化は夏・殷二代に手本をとり、咲く花のにおうがごとくなんと美しいことだろう。自分は周の文化をとるものだ」と述べ、生命の危険にさらされた時、「周の文王はとっくに亡くなられた。文王の伝えたもうた文化は――自分で胸を指されて――ここに存在しているではないか。神さまが私の身についている文化を滅亡させようと思《おぼ》し召さるるならば、生き残ったものは、私の身とともに滅びるこの文化に沃《よく》することが不可能となる」（貝塚茂樹訳注『論語』による。以下同様）と孔子は自らの天命を語っている。舜、禹、殷、周へと伝わる天命は「堯曰く」に始まる堯曰篇第一章に明らかである。

†道の回復

この秩序は広範に及んでいる。孔子は舜帝の作った楽曲韶《しょう》について「美をつくし、また善を尽くせり」と評価し、斉でこれを初めて聞いた時、感動の余り「三カ月の間、肉を食べても味がわからなくなられた」という。当時、楽曲は単なる音楽に止まらず、良き秩序を認識する手がかりと見られていたのである。「詩に興り、礼に立ち、楽に成る」というように音楽は人間の教養の完成を可能にするものであった。高弟の顔淵が国を治める方法を問うたのに対し、「暦は夏王朝の暦を採用し、車は殷王朝の輅《らく》に乗り、衣服は周王朝の冕《べん》の冠をいただき、音楽は舜帝の韶を舞わせる。鄭の音曲を追放し、追従をいう人間を排斥する」と述べている。実際には礼の制度は乱れるに任せられている。「季氏を謂《のたま》わく、八佾《はちいつ》を庭に舞わしむ。是をしも忍ぶべくんば、孰《なに》をか忍ぶべからざらん」という激しい言葉は、天子の宋廟用の礼を陪臣の地位にある者たちが勝手に行ったことに対する最大級の批判である。八佾篇にはこうしたとんでもない礼の乱れについての孔子の憤激が収録されている。

天下の正しい秩序（道）こそは彼の関心であった。正しい秩序があれば礼楽征伐の権利は天子に属すが、正しい秩序がなくなるとそれらは諸侯の権利となり（それは十代もすればほとんど失われる）、さらにその権利は大夫の手にわたり（それは五代にしてほとんど失わる）、やがて諸侯の陪臣の手にその権利はわたる（それは三代でほとんど失われる）。こうした秩序の解体はやがて極限に達することになるが、そこには天下に新しい秩序の回復がなされるというかすかな希望が込められている。

†徳治

それでは統治者たらんとする者は何をなすべきか。孔子の回答は、「政を為すに徳を以てすれば、譬えば北辰のその所に居て、衆星のこれを共《めぐ》るが如し」といった言葉に代表されるように、為政者の徳による支配を強調するものであった。刑罰中心の統治においては人間はそれに反することさえしなければ恥じることを知らないが、徳と礼を以てすれば恥を知り、その行いは正しくなるという。支配者が善を欲するならば民も善となるのであって、「君子の徳は風なり。小人の徳は草なり。草はこれに風を上《くわ》うるとき必ず偃《ふ》す」と彼は言う。このように為政者が自ら身を修めることを起点にして民を教化することが統治の眼目となる。「善人、民を教えること七年ならば、亦以て戎《いくさ》に即《つ》かしむべし」というのが彼の確信であった。

さらに具体的な統治方法については次のような見解が述べられている。「食を足らしめ、兵を足らしめ、民をして信あらしめよ」というのが孔子の具体的な提言であるが、その優先順位について言えば、最初に省けるのは軍備であり、次が食料であり（死は免れないから)、有名な「民無信不立」が最後に残される。政治に携わるためには五つの美徳を尊び、四つの悪徳を除去する必要があるという。すなわち、「恵して費やさず、労して怨みず、欲して貪らず、泰《ゆた》かにして驕らず、威あって猛《たけ》からず」が五つの美徳であり、「教えずして殺す、これを虐と謂う。戒めずして成るを視る、これを暴と謂う。令を慢《ゆる》くして期を致す、これを賊と謂う。これを猶《ひと》しく人に与うるに出内《すいとう》の吝《やぶさ》かなる、これを有司《ゆうし》と謂う」が四つの悪徳である。自分自身の身を修めて百姓を安心させること、「堯舜もそれ猶諸《これ》を病めり」というように、これは難しいことであると孔子は言う。

ここでも理想の為政者は堯や舜、禹といった伝説の人物である。何よりも彼らは自らの身を持する以外には無為であり、自ら統治に携わらなかったにもかかわらず、理想の統治を実現したのであった(「大なるかな、堯の君たるや。巍巍《ぎぎ》として、唯天を大なりと為《な》す」「巍《ぎ》巍《ぎ》たるかな、舜・禹の天下を有《たも》てるや、而して与《あずか》らず」「無為にして治むる者はそれ舜か。夫《かれ》何をか為さんや、己れを恭しくして正しく南面せるのみ」「禹は吾間然すべきなし」)。その意味では自ずから治まる状態がそこで出現したのである。

†修養と天命

ところで為政者たらんとする者はさまざまな条件を具備しなければならない。仁を初めとする徳の意味内容についての問いかけや、君子たるものの主観的条件についての問いかけなども、『論語』の主たるテーマの一つである。仁という徳について孔子は「己れに克ちて礼に復るを仁と為す」とし、「仁を為すは己れに依る」と回答している。これは日常的には礼に反することを見ず、聞かず、言わず、行わずというルールとして現れる。また、孔子は不仁を憎む心も仁といってよいと考え、一日位は仁に心を向ける力を全ての人が持っているのではないかという期待をしていた。いずれにしても、仁を自らの徳とするためには不断の修養と努力が求められる。そして、道を求めるということは権力や富の追求を相対化する態度を求めるものであった。「志士仁人は生を求めて以て仁を害することなく、身を殺して以て仁を成すことあり」といった言葉は、君子と現実との鋭い緊張関係を示唆するものである。孔子の場合、こうした緊張感は天命への確信と結びついていたのであり、「命を知らざれば、以て君子と為すことなきなり。礼を知らざれば、以て立つことなきなり」という『論語』末尾の言葉は、君子と天命との結びつきの必要性を確認している。『論語』においては政治と徳とはほとんど不可分の関係に立っている。徳は天命といった超越的観念にその根拠をおく限りにおいて、現実の政治からの独立性を持っているが、構造的にはきわめて密接な関係にある。孔子としばしば並び称せられるソクラテス（プラトン）の議論においては「霊魂の不滅」を根拠に政治の価値そのものが徹底的に相対化されていたことと比べればこのことは明白である。従って、ソクラテスを経て脱政治的な倫理学説や宗教へ向かうような経路はここには必ずしも存在しない。また、福沢諭吉は『文明論之概略』において中国と日本の相違に言及し、日本では武力を背景にした政権の誕生によって権力と倫理との乖離が可能になったことを（日本における自由の契機を可能にしたものとして）強調している。これも興味深い点である。

Ⅳ 政治と宗教

アウグスティヌス『神の国』(四二六)
――真の正義とは神への服従である

アウグスティヌス(三五四――四三〇)はローマ末期最大の教父。『神の国』はキリスト教擁護の立場から書かれた壮大な教理論。

†古代ローマ世界の清算

アウレリウス・アウグスティヌスのこの大著はキリスト教の立場から没落する古代ローマ世界の総決算を行い、併せてキリスト教思想の定式化によってキリスト教徒の歴史や社会の認識に絶大な影響を及ぼしたものである。ゲルマン民族の大移動の中で生涯を送った彼は、西ローマ帝国の没落を象徴する「永遠の都」ローマの大略奪などの世界史的大変動を契機にして起こったキリスト教批判――この大きな禍は古い異教の神々を蔑ろにし、キリスト教を擁護した政策に原因があるという批判――に応戦すべくこの大著の執筆に取り掛かった。この大護教論を完成してから四年後、周囲をヴァンダル族に取り囲まれたアフリカのヒッポで古代の末期を象徴する、劇的な生涯を閉じたのであった。

全体は二二巻からなり、一四年間にわたって執筆された大作である。最初の一〇巻は先のような理由からキリスト教を批判する異教徒に対する批判に充てられる。次の一二巻のうち、最初の四巻は「神の国」と「地の国」の起源を論じ、次の四巻はこれら二つの国の対立を人類の歴史に即して展開し、最後の四巻は終末と「神の国」の勝利を論じている。

最初の一〇巻においてはローマ史およびその宗教、哲学が批判の対象になる。彼は異教の神々がローマを守る力がもともとなかったことに加え、その道徳的ないかがわしさを繰り返し指摘している。実際、皇帝が異教の神々の礼拝に制限を加える前に、ローマは共和政の時代から多くの自然的・政治的な惨禍に見舞われ、しかも道徳的にすっかり腐敗していたのである。特に、支配欲の膨張とそれに伴う内乱と戦争の惨禍は彼の繰り返し指摘する点である。

ところで偉大なローマ、政治力と軍事力において圧倒的な優位を示したローマを彼はどう評価したのであろうか。そこで取り上げられるのがローマを代表する賢人キケロの国家の定義である。それによれば、「国家とは人民のもの」であり、「法の同意、および利害を共通することにより結合せられた集団」である。アウグスティヌスはこの国家の定義の妥当性をローマの現実とキリスト教の立場から批判的に吟味する。アウグスティヌスによれば、法や利益は「真の正義」なくしてはあり得ないものであるとし、「各人のものを各人に配分する徳」としての正義といった世俗的な正義論で全てを片づける議論を拒否する。

彼は人間にとって最も肝要な正義とは神と人間との間の関係に関するものであって、それを度外視して物品のやり取りに正義の意味を見出そうとするのは言語道断であるとする。「真の正義」の核心は人間の神への服従、神への愛にあるのであって、世俗的なルールにあるのではない、と。もし法と利益をこうした「真の正義」の概念に即して考えるならば、ローマはまさに神と人間とのあるべき関係を欠いていたため、とうていキケロの国家の定義を満たすものではないことになる。すなわち、そこには正義も法も真の意味ではなかったのである。

さらに彼は、「正義がなくなるとき、王国は大きな盗賊団以外のなにであろうか。盗賊団も小さな王国以外のなにでもないのである」と述べ、盗賊団が大きくなり、「領土をつくり、住居を定め、諸国を占領し、諸民族を征服するようになるとき、ますますおっぴらに王国の名を僭称するのである」とした。こうした議論は彼がキリスト教の立場から現実の政治をいかに厳しく見ていたか、政治を最高の価値であるかのように考える古代の人々といかに違った価値観を持っていたかを示す好例であった。アッシリア王国、アレクサンドロスの大帝国、ローマ帝国は際限のない征服欲の産物であり、ローマは「第二のバビロン」でしかなく、サルスティウスが言ったように「最悪の、破廉恥極まる状態」にあったことに変わりはなかった。「真の正義」が存在するのはキリストがその建設者、支配者である国においてのみであるが、それは現実の国家とは異なり、「神の国」というキリスト教独自の観念として現れる。

†「神の国」と「地の国」の対比

後半の議論は二つの国、すなわち、「神の国」「天上の国」と「地の国」「死すべき国」の対比から始まる。神の創造に際して善き天使(本性において善であり、意志において正しい天使)と悪しき天使(本性において善であるが、意志において神に背を向けた天使)が誕生し、これに応じて人間にも二つの意志に基づいて「天上的人間」と「地の人間」との二つの類型が誕生したという。両者を分かつのはその神に対する意志のあり方である。すなわち、前者は神を愛し、キリストを誇りにし、神を最高の誉れとするのに対して、後者は神に背き、自らを愛し、自らを誇り、人間の栄を最高の価値と考える人間である。「神の国」「地の国」はこうした二種類の天使と人間をメンバーとする目に見えない観念である。「神の国」に属する人間は相互愛を旨として互いに助け合うのに対して、「地の国」の住人は支配欲や権力欲によって支配される。前者が「真の正義」を追求するのに対して、後者はそれに背を向け、悪魔と誼《よし》みを通ずる。前者の基本的な徳目が謙譲であるのに対して、後者は高慢を特徴としている。

次いでアウグスティヌスは歴史に言及しながら、この二つの国の交錯を分析する。カインによるアベルの殺害は二つの国の住人の対立の原型とされ、カインは「地の国」の住人、暴力的手段によって誕生する帝国の原型とされる。ロムルスによるレムスの殺害はその継承に他ならない。現実の歴史においては二つの類型の人間が混在することになるが、「地の国」の人間はそうした中で征服と大帝国建設の担い手として立ち現れる。そしてこれらの帝国は悪しき天使の支配下にあったのである。やがてキリストが登場し、目に見える教会が「神の国」の地上における担い手となるが、しかしながら、彼によれば、教会のメンバーが全て「神の国」のメンバーであるわけではない。そこには二種類の人間たちが混在しており、それは終末まで続くことになる。このように彼は教会イコール「神の国」という議論を拒否したのであった。

†必要悪としての国家

『神の国』の最後の部分は究極の目的についての古代哲学の吟味に続いて、「神の国」の目的を「秩序の静けさ」によって象徴される天上的な平和であると論ずる。それは神を悦び、神において他者を愛しむ人々の完全な共同体である。こうした目的を持つ「神の国」のメンバーはさしあたり「地の国」のメンバーと一緒に生活していかなければならない。そこで彼はキケロの先の定義を修正し、「人民とは、その愛の対象を共通とする和合によって結合された理性的な人間の多数の集団」であると述べている。この国家の新しい定義はいわば必要悪としての存在に着目したものであって、「真の正義」と関係するよりも人間の悪性を一定程度抑制することによって現実の秩序を維持し、平和を確立する役割を期待されている。

ここにおいて国家はかつての神々しさを失い、全く世俗的で慎ましい存在でしかなくなる。そして最後の審判において、誰がどちらの国のメンバーであるかが判明する。「神の国」のメンバーにはキリストの完全性に与る永遠の平和と幸福が待ち受けているのに対して、「地の国」のメンバーを待ち受けているのは永遠の処罰とそれに伴う苦しみである。この両者を分かつものは意志のあり方であり、善き意志を持つものはこうして真の安息に与ることができるのである。

アウグスティヌスの時代において宗教と政治とは人間の究極の忠誠心の対象として相争う関係にあり、『神の国』はこの問題に対する最終決着をつけることを意図したものと考えられる。二つの国の区別はあくまで第一義的に人間の生き方を問うものであって、目に見える教会や国家の意味を直接問うものではなかった。教会は決して「神の国」と同じではなく、国家も直ちに「地の国」ではなかった。しかしながら、二つの国の内容自身、国家を限りなく「地の国」と視る見方を準備していたことは否定できない。二つの国という目に見えない観念の世界が目に見える教会と国家の問題に翻訳されるとき、この両者の関係が最大の政治問題になるのである。

カルヴァン『キリスト教綱要』(一五五九)
——政治権力の宗教的使命

カルヴァン(一五〇九—一五六四)はフランスの宗教改革者・神学者。『キリスト教綱要』はプロテスタント神学の基本となった作品。

†中世的キリスト教共同体の解体

政治権力と宗教との関係は現在に至る古典的なテーマである。キリスト教、特に、カトリック教会が大きな影響力を持った西欧において、この問題は独特な展開を遂げた。政治権力と並んで教会という目に見える、それから独立した精神的権威を持つ組織が誕生し、人々は双方に対する服従義務を負うことになったからである。これは比喩的に言えば、肉体においては政治権力に服従し、霊魂においては教会に服従するという、二つの権威への服従状態を意味した。中世において教会の権威は絶頂に達し、政治権力と世俗の支配者はその前に屈服したが、その背後にあったのはヨーロッパ全体がキリスト教共同体(つまりは、一つの信仰を基盤とした共同体）であること、従って、信仰を管理するローマ教会があらゆる事柄に対して優越的な権威を持つという考えであった。政治権力が宗教を自らの統治手段として用いるという、他の地域で見られたのとは全く違った事態がここに現れたのである。政治権力に対する精神の独立性といった主張はここに淵源を持っている。

この中世的なキリスト教共同体は二つの方向で解体していった。第一に、政治権力が自らの基盤を整え、ローマ教会に対する抵抗力をつけたことがあげられる（世俗化の進行）。第二は、宗教的権威としてのローマ教会に対する反抗、反乱である。これは何度かの試みの後、宗教改革（Reformation）として結実することになる。これはキリスト教の権威の分裂、カトリック・プロテスタントの対立である。

新旧宗派の対立は神学的な根拠に基づいている。宗教改革の口火を切ったマルティン・ルターが説いた中心的教義は「信仰のみによる義認」、聖書主義、万人司祭主義、不可視的教会などといったものであったが、それらはいずれも目に見える教会を通してしか人間は救いに到達できないという、それまでのローマ教会の主張を真っ向から否定するものであった。この主張の背後には教会の堕落といったものへの怒りが込められているが、問題の焦点は人間がどのようにしたら救われるか、目に見える教会は必要か否かにかかっていた。新教が人間の内面性を強調し、神の前の平等を説いたと言われるのは目に見える教会の権威を否定したことと裏腹の関係にある。同時にそれは、自ら救われたと考える人々による教会をはじめ、既存のあらゆる権威、政治権力に反抗するエネルギーを解き放った側面を持っていた。宗教改革と平行して起こったドイツ農民戦争とその中で一定の役割を果たした再洗礼派はこうした新たな現実を新教徒に突きつけたのであった。

神学面で妥協する余地はないとしても、新教徒を管理し、統制していく仕組みとして不可視的教会（誰がそのメンバーであるかは神にしか分からない）は人間社会では役に立たないことが新教徒にもやがて明らかになってきた。可視的・目に見える教会の必要が叫ばれ、それとともに新教徒の教会への組織化が始まった。この点でルターを圧倒的に凌駕する役割を果たしたのがジャン・カルヴァンであった。以後、宗教戦争はカトリック教徒対カルヴィニストという形で全ヨーロッパを戦場にして繰り広げられた。

†新教徒の組織化

カルヴァンによれば目に見える教会は「信仰の告白」のみならず、「生活の例証」「聖典礼への参加」といった目に見える目印を持っている。カルヴァンは人間の罪深さを強調する一方で、教会を通して人間をキリストと神との交わりに導く外的組織としてその積極的意味を強調した。神の命令と栄光のために全てのエネルギーを捧げるのが信仰者のあるべき姿であり、教会においてこそそのための一種の相互監視と連帯責任が果たされるべきであるとしたのである。教会は自ら独自の制裁権を持ち、姦淫を犯した者、盗みをした者などを教会から追放しつつ、日常生活の管理を通して神への信仰の確証と確認を得るために不断に努力する組織としてそれを位置づけたのであった。このようにカルヴァンは目に見える教会の積極的意義を再認識することによって新教徒の組織化に大きな影響を与えた。

†政治権力の任務

次に政治権力と教会との関係が問題になる。彼は外面的世界を司る政治権力は神に由来すると説き、その教会からの独立性、有用性を承認する。その目的は「人間に呼吸させ、食べさせ、飲ませ、暖めること」にあるのではない。政治権力は「偶像崇拝や、神の御名に対するけがしごとや、神の真理への冒瀆や、その他、宗教に対する侵害が人々のうちに公然と起こり、また蔓延することがないようにし、公共の平和を乱させず、各人が自己のものを安全に、そこなわれずに保ち、さらに、人々の間で悪意のない交わりをいとなませ、かれらの間に清廉と節度とを保たせること」を目的にしているのである。ここで描かれている政治権力の任務は神への敬虔を守るとともに、正義と平和の担い手としての役割である。ここで注目されるのは、政治権力の宗教的使命がきわめて強調されている点である。

ここから政治権力は異端を断固として迫害する義務を負うことになるが、事実、彼はジュネーブ政府が行ったある人文主義者の処刑を、神と教会の栄光の回復のための当然の措置として擁護したのであった。

カルヴァンは政治権力への絶対的服従を神の名の下に説いた。彼は伝統的な議論に従い、悪い支配者は臣民に対する神の裁きに他ならないと説いたのである。秩序と平和の維持が持つ意味に彼は配慮を示したのであった。当然、神が樹立した権力を打倒することができるのは神のみである。しかし、もし支配者が神の言葉に反する命令を下した場合、それに服従すべきであろうか。彼はこの場合には積極的な服従は正しくないとし、「神に祈り、耐え、逃れる」ことを勧めている。

しかしながら、宗教改革によってキリスト教世界が分裂し、ある地域ではカトリック教徒を保護する政権が新教徒を弾圧し、ある地域ではカルヴィニストの政権が誕生していることを想定するならば、政治権力に対するこうした絶対的服従論はどこまで一貫して維持できるのであろうか。逆に言えば、「真の宗教」を自任する宗派が激しくぶつかり合う中で政治権力はそれらに対してどれだけの自立性を持つことができるであろうか。カルヴァンは政治権力は神に由来するという伝統的議論によってこの自立性を守ろうとしたが、もし政治権力が神に由来するならば、「真の宗教」を弾圧するような政治権力は神に反する権力ではないか、こうした権力に対してはむしろ積極的に抵抗し、さらには打倒することが神の名誉と栄光を輝かせる行為ではないのか、といった問いかけがやがてカルヴィニストの間から頻繁に起こることになった。

カルヴァン自身の伝統的な議論は各宗派が権力の争奪戦に入っていく中で弟子たちによって徐々に見捨てられていった。カルヴィニストを弾圧するカトリックの支配者に対して抵抗することはカルヴィニスト、特に、貴族を中心としたグループにとっては義務とされるようになった。かくして政治的な服従問題は宗教的情熱によって乗り越えられ、政治権力に服従するかどうかはきわめて便宜的な問題になっていく。また、宗教的情熱に政治的野心が入り込み、宗教自身が主人公であるように見えて実は道具のようにも見えてくる。これは宗教改革の意図したものではなかったが、宗教の分裂は政治秩序の根拠を理論的に不安定にした。それが神に発するというのは、今やその安定を確保する意味を持たなくなった。政治権力はどこか別の場所に自らの根拠を定める努力をしなければならなくなった。宗教改革がカトリック教会の勢力を殺ぐことによって世俗の権力に味方したように見えたが、それも束の間の出来事であったとも言えよう。

ロック『寛容書簡』（一六八九）
——政治社会と教会の機能分化

『寛容書簡』は政治と宗教の関係について新しい理解を示したもので、世俗的利益の追求と魂の救済を明確に分けることを説く。

†政教分離の必要

ジョン・ロックは宗教と政治をめぐる論争がなお熱い話題であった時代に生き、幼年時代をピューリタン革命の中で送った。また、彼自身が関わった名誉革命も一つには宗教に端を発するものであった。宗教への政治の従属を説く議論はなお根強く、ホッブズは『リヴァイアサン』の半分のスペースを費やして世俗国家の自立性のための論陣を張る必要があった。しかし徐々にではあるが、政治と宗教との分離論が台頭してくる。ロックの『統治論』の中に宗教論の影が稀薄なのはこうした議論の推移が背景にあった。

ロックによれば、キリスト教徒相互の寛容こそ、真の教会の主要な特徴である。そこで彼は世俗的統治と宗教との基本的な相違を問題にする。彼によれば、「真の宗教」の役割は外面的華美を創出したり、教会の支配を樹立することにあるのではなく、徳と敬虔に従って人間の生活を統御することにある。すなわち、神の名による迫害や証明不能な見解に従った熱狂などは「真の宗教」とは全く関係がない、むしろ、それとは正反対のものである。キリストの言葉に従い、自らの欲望と悪徳に対して戦うことが課題などであって、キリスト者にふさわしくない火や剣によってキリスト教会を実現するなどというのは自家撞着も甚だしい。

こうした誤った見解を取り除くためには、政府の任務と宗教のそれとの間の明瞭な区別が必要である。政治社会はあくまでも世俗的な利益の維持と促進のために作られたものである。ここで世俗的な利益とは生命、自由、健康、身体などの安全、さらに貨幣や土地、住宅や家具などのような外的事物の所有のことである。これに対して魂の救済と「真の宗教」は内心の完全な了解によって初めて成り立つものであり、それを欠いた信仰は信仰ではない。内面の納得のない強制された信仰は偽善でしかなく、それは神に対する侮辱であるとともに救済の妨げになるだけである。政府の役人の権力は人間の外面にのみ関わる権力であり、法と処罰と不可分の関係にある。これに対して「真の宗教」はあくまで議論と説得に根拠を持ち、外面的強制とは両立しない関係にある。

†自発的結社としての教会と寛容

彼岸に関わる宗教を中心とした人間の結合である教会とは何か。教会とは、自ら適切と判断した、魂の救済にとって有効であると考える方式で神の公的礼拝を行うために作られた人間の自由な、自発的な結合である。従って、多数の教会が並存することは当然であり、いかなる人間も生まれながらにある教会のメンバーであることはなく、セクト型の組織論が基準として考えられている。救済への期待によって結合したこの団体は内部規律を制定するが、それは世俗的な事柄に関わる規定を置くことができず、制裁としては訓戒、警告、忠告といったものしか持っていない。最後の手段として採用されるのが教会からの排除（破門）である。

寛容は次のことを意味する。第一に、破門は破門された者の生命、身体、財産などに損害を与えることはできない。教会が破門によってそうした領域で影響を与えることができるならば、それは政府の権力の侵害である。第二に、私人が宗教の相違を根拠に他人の世俗的生活に攻撃を加えることは許されない。教会に求められるのは相互の平和と友好である。教会間のこうした平和と友好を憎み、武力によって宗教を宣伝しようとする熱狂集団は寛容自体を危険に曝すものであるから、寛容の対象から外されることになる。第三に、聖職者の権威は教会の内部に限定され、世俗的な事柄には権威を持たない。第四に、政府の役人は教会の外的儀式や礼拝方式についてこれを禁止したり、あるいは強制したりすることは許されない。ロックは公共の利益を根拠とした権力の介入に対しては強く戒めている。

†寛容の例外

政府の役人は教義についても寛容を旨としなければならない。しかし、ロックは三つの例外を設けている。第一に、政治社会の維持に必要な道徳的ルールや人間社会の基本に反する見解は寛容され得ない。ここでは宗教の問題が政治社会の基礎との関係で捉えられている点は注目してよい。第二に、他の教会を異端と見なし、それらを寛容することを拒み、王を解任する等して世俗の事柄に介入する教会、また、その教会に加わることによって外国の君主に服従し、事実上外国の裁判権を自国に持ち込むような教会は寛容されない。ローマ教皇への服従をあらゆる世俗の支配者に対する服従に優先させる態度は容認できないというわけである。これは中世以来のローマ教皇権に対する強い警戒感の表明であり、教会の秩序を世俗のそれに優先させる態度に対する反対である。このようなカトリック教徒に対する警戒は、名誉革命がジェームズ二世がカトリックであったことに大きな原因があったことを考えると決してアナクロニズムとは言えない。第三に、神の存在を否定する人々は寛容されない。約束、契約、宣誓等、人間社会の絆は無神論者にとっては全く拘束力がなく、こうした人間を寛容するのは社会の解体に手を貸すようなものである、と。

†宗教と政治とのつながり

ロックの寛容論は政治社会の機能が外面的なものに限定され、教会は人間の内面に多様な形で配慮する自発的結社として相互に分離、独立するという構想をきわめて明確に示している。しかしながら、両者の関係はそれだけではない。宗教が容易に政治的な性格を帯び、宗教が政治に介入する可能性に対してあらかじめ備えるという姿勢はなおきわめてはっきりしている。最後までこの点で猜疑心の的になったのがローマ教会であり、反教皇権至上主義《ウルトラモンタニズム》はここで絵に描いたように継承されている。

さらに注目すべきは無神論者を寛容の対象から外すという取り扱いである。無神論者は宗教的熱狂で政治社会を危機に陥れる恐れのない存在であるが、政治社会ないし人間社会の基本的原理である自然法に対してダメージを与えるものと考えられるからである。ロックの自然法は神の命令としてイメージされ、神への信仰と深く結びついていたことは明らかであり、ロックは神と自然法の教育を何よりも大事な課題として捉えていた。もちろん、自然法は一方で理性によって認識可能なものとされ、学問的考究の対象であったが、まさに自然法の解釈・執行をめぐって平和が攪乱されえたように、こうした認識は常に保証されるものではなかった。従って、自然法を端的に神の命令として教え込む必要もあったのである。このように政治と宗教とは分離、独立すべきもの、教会は寛容されるべきものとされたが、自然法を介して二つの領域は一定のつながりを持っていたことは注目してよい。それは宗教による政治の攪乱を慎重に排除しつつ、他方で宗教の政治的効用の方は留保しておく必要があると考える立場と言えよう。こうした両者の複雑な関係への目配りを怠ってはならない。

キリスト教の立場からする残酷な迫害に対する批判や寛容の主張はロック以前にも説かれてきた。また、迫害が政治社会の深刻な分裂と解体につながるという観点から寛容政策を主張する人々もいた。ロックの寛容論はキリスト者のあり方と迫害論との矛盾から出発しつつ、それに政治社会と自発的結社としての教会との機能分化論を結びつけることによって、寛容論をより安定した基礎の上に築いたものである。キリスト者にふさわしい態度や政治的安定から論じられた寛容論はやがて宗教的自由の解放となり、自由一般のそれへとつながっていく。自然法が神との結びつきを失って社会に内在化するにつれて（社会の自然法則といった形で）、ロックに見られた政治と宗教との連結環は急速に緩み始める。人間は神によって支配されるのでなく社会によって支配される存在になっていくことになる。

V

政治と戦争・平和

トゥーキューディデース『戦史』（前五世紀）
——ポリスの悲劇的実像

トゥーキューディデース（前四六〇頃—前四〇〇頃）は古代ギリシアの歴史家。ペロポネソス戦争を記した『戦史』は史書の傑作。

†生彩に満ちたポリス像

『戦史』は古典古代ギリシアの政治生活を今に伝える記念碑的作品である。当時のギリシア人がポリス（都市国家）という形で独特の政治生活を営み、そこでは直接民主制が開花していたことは広く知られている。言うまでもなく『戦史』の舞台はペロポネソス戦争という大事件である。この大戦争を通して著者はポリスの実像を描いたという意味で、本書の主題は戦争と直接民主制と言い換えることもできよう。ギリシア人自身が何を見、何を伝えようとしたのかを知る上で、『戦史』ほど生彩に富む作品は存在しない。

『戦史』には幾多の演説が含まれている。その中で最も有名なのがアテナイの大政治家ペリクレスの戦死者に対する葬送演説である。ペリクレスはこの演説の中で戦死者に対する讃辞を述べるだけではなく、アテナイというポリスがいかなる理想を追求して今日に至ったかを高らかに論じている。何よりもアテナイは多数者の権利と才能を公平に扱う民主政治を特徴とする。私事についてはお互い寛容であるが、いったん公の事柄を扱うことになれば、法を遵守し、廉恥の心を体現する不文の法の支配に市民は進んで服する。アテナイ市民はあらゆる領域での新しい試みや新しい知識に対して開放的であり、万事につけ積極果敢に取り組むことが当たり前になっている。そして公私双方にわたって積極的な活動を行うことが人間のあり方として賞賛されるべきものとなっている。行動を起こすに当たっては十分な議論を尽くし、十分な理解を基にして行動を行う。生命を賭する局面においてもあくまでもこうした自由の気風を維持するのがアテナイ人の特徴である。

かくして、「われらのポリス全体はギリシアが追うべき理想の顕現であり、われら一人一人の市民は、人生の広い諸活動に通暁し、自由人の品位を持し、己の知性の円熟を期することができるのである。こうしたアテナイ人の卓越性の現れが他を圧するポリスの力に他ならず、それへの賞賛は末代まで続くことになろう、と。ペリクレスはポリスへのこうした讃辞を通して、ポリスのために命を捧げた市民たちへの賞賛を基礎づけたのであった。偉大なポリスであるアテナイの偉業は残された者たちによって継承されるべきであり、これら戦死者以上に戦いの危険にたじろがぬことが求められる。幸福であることは自由であることと不可分であり、自由であることは勇者であることと結びついている。このように語った後、ペリクレスは戦死者の遺族に慰めの言葉を述べてこの演説を終えている。

アテナイに対抗するスパルタはこれとは些か対照的に描かれている。つまり、アテナイ人が革新的、積極的で、油断のならない存在であるのに対して、スパルタ人は消極的、退嬰的で必要に迫られてもなかなか行動しない現状維持的な存在として描かれる。しかし、英知と冷静な思慮で名高いラケダイモン王・アルキダーモスは、スパルタが開戦に慎重であるのはそれなりの軍事的根拠があることを述べた上で、愚鈍だとか怯懦だとかいう批判に恥じ入ることはないこと、自分たちの伝統とそこで培われた教育によってわれわれは厳格無比の克己訓練で自らを鍛え、「沈着な分別」を身につけていること、勝利に傲らず敗北に挫けず、おだてに乗って現実を見誤ることなく、怒りをコントロールできずに口車に乗ることもなく、「己を持する故によき戦士、よき判断の主」であり得ることを強調している。克己は法への絶対的服従を培う教育によって可能になり、廉恥は克己によって可能になり、廉恥は戦場での勇気を可能にする、と。

確かにこれら二つのポリス像には力点の違いがある。教育（スパルタ教育）によって克己を習慣づけるスパルタ体制と、あらゆる面で自由に能力を発揮することを寛容するアテナイ体制との違いは否定できない。後者が自由のエネルギーの解放によって次々と新しい企てをなし、対外的進出を行う態度を醸成するのに対して、前者は自らの既存の体制の再生産に力点を置き、自由なポリスを営むことで自足しているように見える。しかしながら、アテナイにとってもそのエネルギーの源泉と目標はあくまでもポリスにあったことはペリクレスの演説に明らかである。ポリスなしには市民の自由はその発露の場を持たなかったのみならず、ポリス以外に自らの活動を根拠づける目標を持っていなかったのである。

†ペロポネソス戦争の破滅的影響

この大戦争はポリスに何をもたらしたであろうか。そもそもポリスは市民の全人格、全エネルギーが投入される公共空間であり、そこでの政治的な角逐は生死を賭けたものになり得たが、それを抑制していたのが法の権威、法への服従であった。ところでアテナイとスパルタは各ポリスの民衆派、寡頭派とそれぞれ結びつき、その勢力拡大を図る中で、戦争を内乱に転化させた。著者はこの過程から目を反らすことなく、ポリスの危機を記述している。内乱は残虐性を帯び、物欲と名誉欲に駆り立てられた権勢欲は見境なく暴走を始め、先手必勝の日常化と党派心によって法の下でのポリスの団結は解体に瀕することになった。公的共同体としてのポリスは党派支配の論理の前にすっかり実質を失い、公の利益の私物化が果てしなく進んでいった。

中庸を守ろうとした市民は双方の派閥から嫌疑の的になり、壊滅させられたのであった。法を無視することに慣れてしまった人間本性はやがて法そのものすら支配しようとするようになった。著者によれば、こうした政治的殺戮の中で道徳的な頽廃が広がるのは当然であった。何事によらず、人の先を越して悪事をなす者が賞められ、沈着は卑怯者の口実、無思慮な暴勇が勇気と讃えられるようになった。人格の高潔さを示すものとされていた率直さは嘲笑を受けて姿を消し、猜疑心を和解させる言葉も力を失ってしまったのである。一言で言えば、神や正義はその力を失ったのである。

『戦史』の中には神や正義にお構いなしに強者の論理をむき出しで主張する箇所が幾つか登場する。こうした議論は先のような政治生活全体の頽廃や解体と即応するものである。最も有名なのは同盟への参加を強要するアテナイ側とメーロス島側との対話である。そこでのアテナイの使節は「神も人間も強きが弱きを従えるものだ」という論理を一貫して主張し、それに従って身を処するのがメーロス島の唯一現実的判断であると強調している。彼は廉恥や自由、神や正義を根拠に抵抗を試みるメーロス側の態度を単なる希望的観測でしかないと切り捨てている。

†自滅へと進むアテナイ

『戦史』を彩るもう一つのシナリオは支配権の持つ無限の増殖への誘惑、そこに発生する驕慢と自滅のドラマという、ギリシア悲劇を思い起こさせる要素である。ペリクレスは開戦を支持する演説においてアテナイが勝利を得る理由をあげた後、そのための条件として、この戦争継続中に支配権の拡大を望んではならないこと、自分から危険を増すような道を選んではならないことをあげ、「私が常々恐れているのは、敵の作戦ではなく、われら自身が犯しうる誤算だ」と述べている。

著者は、ペリクレスの死後、アテナイの政治指導者たちが個人的な名誉心や利己心に駆り立てられて、彼の忠告に反する所業を繰り返したことを指摘している。赫々たる勝利を積み重ねていたアテナイを一転して敗北へと決定づけたシケリア遠征について著者は、それを決定したアテナイ人は島の大きさ、そこに住むギリシアや異邦人の人口について何も知らず、それがペロポネソス同盟相手の戦争に匹敵する戦争を意味することに全く気が付いていなかったと述べている。今や無駄と知りながらペリクレスの忠告を繰り返す派遣軍指揮官のニキアス、ポリスを静止させることこそポリスを破滅させるものだとそれに反対するアルキビアデス、無謀な企ての中で自滅を辿ることになる著者のアテナイ描写はさながら一幅の悲劇を見るようである。

孫武『孫子』（成立年未定）
——「兵とは国の大事なり」

『孫子』は古代中国の孫武（生没年不詳）の作とされる兵法書。戦争のみならず、人生の問題にも通用する洞察が盛られている。

†古代中国のリアリズム

「兵とは国の大事なり。死生の地、存亡の道は、察せざる可からざるなり」（浅野裕一『孫子』による。以下同様）という有名な文章で始まるこの兵学の古典は、古代中国というその歴史的限界にもかかわらず、きわめて冷徹なリアリズムによって多くの人々の心をとらえてきた。軍事指導者（将軍）のリアリズムと支配者（君主）のそれとが一体となり、その上で繰り広げられる戦略、戦術のコンビネーションの妙がここでは遺憾なく開示されている。さまざまな軍事的な戦術にのみ目を奪われることなく、この全体の妙を味わうことが政治認識にとって有益なのである。

本書の中心テーマは将軍の具備すべきリアリズムを論ずることである。その中核は戦争の勝敗について確固たる見通しをつける能力があるかどうかという点にある。この能力は戦争というものが幾多の不確実性に見舞われるのが当然であることを念頭に、できるだけその結果について合理的な見通しを持つために欠かせない。当然、兵力に止まらず、その政治的・経済的リソースまで含めた全体的で入念な比較考量が不可欠であり、十分な情報がその前提条件である。「兵は、彼れを知り己れを知らば、百戦して殆《あや》うからず。彼れを知らずして己れを知らば、一勝一負す。彼れを知らず己れを知らざれば、戦う毎に必ず殆うし」はそれを示したよく知られた一節である。

そして勝敗の帰趨を事前に卜《ぼく》するのが可能であるというのがこのリアリズムの核心である。入念な態勢作りによって「勝つべくして勝つ」というのがこのリアリズムの真骨頂である。本当に洞察力のある将軍は並の人間を遥かに凌駕する見通しを持っていなければならない。太陽や月が見えたからといって視力が良いと言われないように、素人の喝采を浴びるような勝利は実は「勝つべくして勝つ」状態に至っていないものに他ならない。

優れた兵法家は「奇勝無く、智名無く、勇功無し」に、確実に勝利をものにする。一言で言えば、派手さやスリル抜きに、「不敗の地に立ちて、敵の敗を失わざるなり」という姿勢で臨む。「是の故に勝兵は先ず勝ちて而る後に戦い、敗兵は先ず戦いて而る後に勝を求む」というコントラストがここに出てくることになる。「勝つべくして勝つ」境遇に置かれて意気上がる兵士と勝利の見通しもなしにひたすら戦わざるを得ない兵士との違いは、改めて将軍やリーダーの洞察力の重要性と責任の重さを如実に浮かび上がせることになる。展望のない戦いを強いられる兵士が渇望するのはある種の奇策や奇跡でしかないであろうが、それはここでの主題であるリアリズムとは全く無縁な世界の話である。

†「兵とは詭道なり」

このリアリズムへの信頼にもかかわらず、戦闘においては臨機応変の措置を常に適切にとらなければ将軍の任務は務まらない。敵に対するその態度を一言で言えば、「兵とは詭道なり」ということになる。それはさまざまな「見せかけ」によって敵を欺き、利益を餌にしておびき寄せ、混乱に乗じて一気に攻撃し、敵の戦備が充実しているならば防備を固め、強大であれば正面から立ち向かうことを避け、怒り狂っている場合には攪乱するようにし、「其の無備を攻め、其の不意に出ず」といった臨機応変の策に他ならない。まさに巧みに戦う者は、敵を思うがままに動かす一方、自らは敵に決して思うがままに動かされない状態を作り上げていくのである（「善く戦う者は、人を致すも人に致されず」）。こうした状況になれば、長い距離を危険な目に遭わずに進軍できるのはそれは敵がいない所を進むからであり、攻撃が決まって成功するのは敵が守っていないところを攻撃するからであり、守備が堅固なのは敵が攻めてこないところを守っているからであるということになる。「善く攻むる者は、敵守る所を知らず」ということになり、こうした将軍の巧みな用兵は神業というべきものとなり、敵の死命を制することにつながる。

†政治と軍事に関する知見の定式化

『孫子』のかなりの部分はこうした用兵の具体策を論じたものであるが、その中に政治と軍事双方に関わる幾つかの注目すべき知見が組み込まれている。まず注目されるのは、先のようなリアリズムは軍事力の安易な発動の勧めと全く無縁であるということである。本書によれば、敵の企てを未然に打ち破ることが最善の策であり、次が敵を外交的に孤立させること、その後に敵の軍事力を破壊するというのが、物事の良し悪しの順番である。しかもそこでは「利に非ざれば動かず、得るに非ざれば用いず、危うきに非ざれば戦わず」が大原則として掲げられている。

君主は怒りから軍を動かし戦いを始めてはならず、将軍は憤激に駆られて戦闘してはならない。「利に合わば而ち用い、合わざれば而ち止む」というように、いわゆる国家理性によるコントロールが徹底することが君主や将軍に課せられた課題である。怒りや憤りはやがて沈静化することもあろうが、「亡国は以て復た存す可からず、死者は以て復た生く可からず」であり、いずれにしても取り返しがつかない。かくして「故に明主は之れを慎しみ、良将は之れを警《いまし》む。此れ国を安んじ軍を全うするの道なり」という結論になる。「兵とは国の大事なり」という言葉はこの結論と符合しているのは言うまでもない。

リーダーの状況認識に求められるリアリズムは自己自身に対するコントロールによって初めて十全なものとなる。ここにはリスク管理を徹底すること、人命の犠牲を少なくすることへの心がけや慎みと並んで、「利に合うかどうか」についての判断が究極の課題として彼らの前途に待ち構えている。後者こそは答えが明白であるようで実は——例えば、長い目で見て——そう明白でない、最大の高等問題であろう。

激情に駆り立てられて軍事力を行使するのは論外であるとしても、『孫子』には俗に「戦闘に勝って戦争に負ける」ことになりかねない愚かな行為への警告が数多く見られる。戦闘において勝利を得たが、戦争を始めた本来の目的を速やかに達成しないで時間を空しく費やすのはその典型的な例としてあげられる。特に、繰り返し強調されているのは軍事力の人的・物的コストの高さであり、時間が長くかかることはそれ自身がマイナスと見なされる。自らの戦力の消耗は戦局を一変させる決定的な要素であり、「故に兵は拙速を聞くも、未だ巧久を睹《み》ざるなり。夫れ兵久しくして国の利なる者は、未だ有らざるなり。故に用兵の害を知るを尽くさざる者は、即ち用兵の利を知るを尽くすこと能わざるなり」という結論が導き出される。『孫子』が城攻めのリスクを繰り返し強調しているのはこのことと関係している。歴史上、短期戦のつもりが結果として長期戦になってしまった例は枚挙に暇がない。正しく戦争において時間の管理を行えるかどうかは最大の難問である。

この問題は戦争目的の設定と不可分の関係にある。『孫子』には「戦わずして人の兵を屈するは、善の善なる者なり」という言葉がある。これは「百戦百勝は善の善なる者には非ざるなり」という命題とセットになっている。つまり、政治的に相手を完全にコントロールし、それを足場に天下に号令することが目的であり、その目的さえ達成できるならば何も大きなリスクをおかし、膨大なコストをかけて相手の軍事力を破壊する必要はないのである。政略全体において軍事力がきわめて限定的に位置づけられていることは、兵書という性格からして興味深い点であるが、ここに政治と軍事との関係についての一つの古典的定式が見られる。外交を含む壮大な戦略を前提にして軍事力の効果的な運用が論じられるべきであって、こうした前提なしに軍事力の戦術的運用ばかりに関心が向けられるのに対して『孫子』が公然とその拙劣さを批判していること、後者が「勝つべくして勝つ」のと正反対のものであると指摘していることは肝心な点である。

カント『永遠平和のために』（一七九五）
——平和のための条件とは

カント（一七二四—一八〇四）はドイツの哲学者。『永遠平和のために』は世界の恒久的平和がいかにもたらされるかを論じる。

†カントの実践哲学の頂点

イマヌエル・カントの実践哲学において永遠平和は頂点をなすものであり、彼の実践理性の命ずるところの帰結として考えられなければならない。同時に本書を読むならば、それを実践理性の命ずるところとして「あるべきである」と述べているだけではなく、その実現性についても彼が入念な考察を加えていることは注目されてよい。さらには政治と道徳との関係をも視野に入れた議論を含む、カント哲学への格好の入門書でもある。

第一章は国家間の永遠平和のための六つの予備条項からなる。すなわち、①将来の戦争をひそかに留保して締結された平和条約は平和条約ではない。②いかなる国家も継承、交換、買収、贈与によって取得され得るものではない。③常備軍は漸次廃止されなければならない。④対外紛争に関して国債を発行してはならない。⑤他の国家の体制や統治に暴力をもって干渉してはならない。⑥戦争において将来の平和時における相互信頼を不可能にしてしまうような行為（暗殺者や毒殺者を雇ったり、降伏条約を破ったり、敵国内での裏切りを唆したりすること）をしてはならない。このうち、①、⑤、⑥は直ちに禁止されるべきものに属するという。これに対して、③、④は実行の延期が許容されるし、②については将来における取得方法に関わるものとされる。これらの中にはカントの実践哲学の趣旨が貫徹しており、例えば第二条項は国家が根源的契約の理念に基づく道徳的人格であるという主張を根拠としており、また第三条項には、人間が人を殺したり殺されたりするために国家の手段とされるのは人間をそれ自身目的として扱えというカントの実践理性の立場に反するという主張が見られる。

†平和状態への条件

第二章は平和状態、すなわち、法的状態を創出するための確定条項が述べられる。第一条項は各国の政治体制は共和制的でなければならないというものである。ここで共和制的というのは、国家のメンバーが人間として自由であること、全員が平等に法に従うこと、国民として平等であること、という三つの理性の法に基づいて樹立された政治体制を意味する。ここでカントは共和制と民衆制との区別を行う。すなわち、国家の分析にあたっては最高の支配権力の形態による分類と統治様式による分類との二つを区別しなければならない。支配形態には君主制、貴族制、民衆制の三つがあり、統治形態には、執行権と立法権とが分離された政治体制を採用する場合（共和制）とこれが分離されない場合（専制）の二つがある。カントはこの議論を踏まえつつ、民衆制は専制と事実上同じであるという結論を導いている（これは民衆制イコール直接民主制という古代の議論の継承）。他の二つの支配形態にもそうした欠陥は見られるが、代表制の採用によってこうした危険を回避し、共和制的な統治形態が可能になるという立場に立っている。

こうした共和制的体制が何故に永遠平和への期待を担いうるものであるかについて、カントはこの体制の下では国民の賛同が必要になり、彼らは戦争に伴う苦難と負担を背負うことに慎重であるからであると結論づけている。他方で、支配者が国家の所有者であるような体制下では、戦争は遊戯のように決定されることになるという。この議論が歴史的にどの程度の説得性があるかは、「平和のためには民主化を進めなければならない」といった議論の存在を考えると現在においても重要な意味を持っている。

第二確定条項は、国際法は自由な諸国家の連合制度に基礎を置くべきことである。カントはここで民族と国家の平等を根拠に一つの国家を作るのではなく、永遠平和のために平和連合こそが理性の命ずるところであるとしている。これは個人が国家状態に入ることとのアナロジーで考えるならば一つの世界共和国を作り上げることが理論的のように見えるが、各国家の平等性という大原則の存在を前提にする限り、自由な連合制度という消極的な理念が唯一の選択肢として登場することになる、という。この連合制度は歴史の中で常に継続的に発展・形成すべきものと考えられている。

第三確定条項は、世界市民法は普遍的な友好をもたらす条件に限定されなければならないとしている。これは一言で言えば、人間が地球を共同に所有する権利に基づいてさまざまな地域を訪問する権利であり、お互いの平和的な交際を通して世界市民的体制に人類が近づくのに寄与することが期待される。これはヨーロッパ人による新大陸の略奪といったものとの対比で語られている。

†自然の働きによる歴史の進展

これに加えてカントは二つの補説を付加している。その中の一つは、国王が哲学することや哲学者が国王になることは、期待されるべきことではないし、また、望ましいものものでもないとしつつ、平和について哲学者に自由に意見を公表させ、それに耳を傾けるべきであるとしている。

補説の中で重要なのは、「永遠平和の保証について」と題する補説である。一言で言えば、諸物の巧みな造り手である自然がこの保証を与えるというのである。カントは実践理性の原理の展開を通して永遠平和の理念に到達したのであるが、それは自然の働きを通して一定の裏づけを与えるものとしても描かれている。

カントは人間の利己性や反社会性について冷静な認識を持っているが、同時に人間は自らの活動を通して、例えば、戦争を通して、平和な関係を結ぶように誘導されていくという観点をこの中で強調した。具体的には、地球上のあらゆる地域で人間が生活できるよう配慮し、戦争によって人間をあらゆる場所、住みにくい地方にまで駆り立て、そこに住まうようにし、最後に戦争によって人間を法的関係に入らざるを得ないように強制したことをあげる。この自然の働きは実践理性の課する義務ではなく、人間が意志しようとしまいと、いわば一種の自然の強制と考えられる。国法についていえば、人間に根ざした利己心のダイナミズムに従って否応なしに人間は平和と法的保障を選択することになるし、共和制にしてもそれは利己心の産物として観察される。つまり、こうした過程は人間の道徳的な改善なしに自然の強制によって可能なのである。

国際法の理念の実現は各国家の分離独立を前提にしている。どの国家も世界を征服し、一つの世界王国を実現しようと企てているが、自然は全ての国家がその中で溶解してしまうようなこうした世界王国を欲しないのである。つまり、各国家の自由の墓地と専制主義の上に平和が実現するのを欲しないのである。自然は各民族の混合を避けるために言語と宗教の違いを用い、戦争と対立を促し続ける。その結果、時間の中で徐々に平和への同意が形成されるような環境が出現し、力の均衡と生き生きとした競争によって彩られた国際的な仕組みが誕生することになる。それと同時に、各民族を利己心を通して結びつけるメカニズムを自然は提供している。それは利己心を基盤とした商業精神であり、それは否応なしに国際的な平和の希求を各国家に求める方向へと各国家を誘導する効果を持つ。その結果、暴力と戦争は抑制され、大規模な戦争の企ては事前に防止されることになる。

このようにカントは人間の利己心、反社会的社会性といったものに依拠した自然のメカニズムに注目することによって、永遠平和を支える人間の側の条件があることを主張したのであった。かくして実践理性の理念としての永遠平和は単なる「あるべきである」といった主張を超えた歴史的展望を持つものになり得たのであった。

クラウゼヴィッツ『戦争論』（一八三二）
――絶対的戦争と政治

クラウゼヴィッツ（一七八〇―一八三一）はプロイセンの軍人・軍事理論家。『戦争論』は近代戦に関する理論の古典的名著。

†戦争の二つの種類

カール・フォン・クラウゼヴィッツのこの作品はフランス革命とナポレオン戦争の与えた深刻な衝撃の中から誕生した。彼に「何ものをも粉砕せねばやまない遂行力をもってする絶対的戦争という概念」の現実性を生々しく甦らせたのがこの鮮烈な体験であった。それに先立つ絶対王政の時期にはヨーロッパ全体は政治的安定と狭い範囲での政治的ゲームによって支配され、戦争は政治的ゲームによってがんじがらめにされ、戦争はその激烈な力を失っていた。そこに戦争を国民の本分とする自覚を持つ三千万人からなる巨大な軍隊が突如出現した。この新しい軍隊を駆使したナポレオンに著者は「絶対的戦争」の概念の体現者を見出したのであった。

『戦争論』は戦争には二つの異なった種類があるという立場に立つ。まず、「戦争は一種の強力行為であり、その旨とするところは相手に我が方の意志を強要する」ことにある。この行為には限界がなく、相手の軍事力を徹底的に破壊し、無力化することが目標になる。これは敵の「完全な打倒」を目的とする戦争であり、敵国を政治的に抹殺することまで視野に入っている。彼が「あるべき」戦争の概念、絶対的戦争というのはこうした戦争に他ならない。「敵の完全な打倒こそ、取りも直さず軍事的行動の自然的目標であり、哲学的見地から概念の厳密を期そうとすれば、戦争の目標はけっきょくこれ以外に有り得ない」という言葉からも明らかなように、この戦争の概念は戦争を論ずる際の基準として用いられている。

この絶対的戦争概念について彼は、戦争の動因が大規模になり、また強力になるにつれ、この動因が国民全体に関わるものになるにつれ、その上、戦争に先立つ両国間の緊張が高まるにつれ、「戦争はますますその抽象的、絶対的形態に接近し、敵の完全な打倒はますます重要な案件」となるという。フランス革命以降の全国民を巻き込んだ形での戦争の登場、それがこの「新奇な戦争の概念」を規定していることは明らかである。

同時に、クラウゼヴィッツは歴史と現実に照らして、全ての戦争がこの絶対的概念でくくられるものでないことを十分に承知していた。そこで彼は敵国の国境付近において敵国の領土の幾許かを略取しようとするような戦争を第二のカテゴリーとしてあげる。これは将来の講和の際の有利な取引の材料を手にするための戦争であり、相手国の無力化といったことは目標にしないタイプの戦争である。ここでは戦争への動因が微弱であり、両者の緊張関係が弛緩したような状況下での戦争である。これは敵の「完全な打倒」からはますます遠ざかる(「その本来の方向から逸脱」する)ものであって、彼によれば歴史の中に見られる戦争の多くはこれに近い。この戦争のイメージはフランス革命以前のヨーロッパの戦争の姿と重ねられている。戦争計画に即して言えば、このタイプは「制限された戦争目標」を持つものとされている。

†政治の道具としての戦争

二種類の戦争の区別と交錯するのが、戦争と政治との関係である。戦争は一種の政治的行為であり、戦争は政治の道具であるというのが彼の基本的な立場である。戦争は国家間の政治的交渉を、「政治におけるとは異なる手段」を用いてそれを遂行するものである、と。逆に言えば、政治から独立した戦争というものはあり得ないということである。もちろん、戦争には日常の政治や外交にはない独自の目標があるが、戦争にその意味と目的、方向性を与えるのはあくまでも政治である。戦争は不可避的に政治の性格を帯びる。軍事行動の基本をなす戦争計画は政治の掲げる目標との整合性が何よりも求められる。かくして戦争は統一的に考察されることが可能になる。彼によれば、政治とは「人格化された国家における知性」「内外の全般的情勢に対する洞察」であり、これが戦争を指導することになる。

興味深いことに彼は、戦争を政治の道具であるという見解と戦争の二つの種類とを結びつけて次のように述べている。絶対的戦争においては、戦争の目標はますます政治的目標と一致し、戦争は純粋なものとなり、ますます政治性を失う「かのように思われる」という。これに対して、多くの現実の戦争においては、戦争は絶対的戦争から逸脱し、「政治の指示」と緊密に一体化し、「戦争はますますその政治性を濃厚にするかのように見える」という。前者においては、「政治がまったく消滅したかに見え」るのであるが、敵の「完全な打倒」を目指す戦争において政治の指導性がなくなる（政治が軍事的判断の中に解消してしまう）というのがその趣旨であろうか。そうであるとすれば、事柄は重大である。他方で彼は後者について、伝統的な政治概念——強力行為を避け、慎重を旨とし、狡猾と怜悧を特徴とする——に囚われるならば、こちらの方が前者よりも「真に政治的なものに見えるかも知れない」と述べている。「かのように思われる」という表現が示しているように、当時の人々の政治イメージを念頭においた記述として理解することができようが、絶対的戦争と政治との関係についてはなお吟味をする必要がある。

†絶対的戦争の時代の到来

彼は「フランス革命の二十年に亙《わた》る戦勝は、革命に反対した諸国の政府によって行われた誤れる政治の結果である」と述べている。フランスを取り囲む諸国の連戦連敗の源は政治の体質の古さ（王権や一部の社会層のための政治）、その現れとしての戦争と戦争術の矮小化にあった（敵の「完全な打倒」などは全く念頭にない）ということに他ならない。第二のタイプの戦争はこうした中で繁茂し、ナポレオンの前にあっさりと瓦解した。問題は政治自体にあることになる。従って、フランス革命に伴って登場した戦争の絶対的概念はまさに政治の変革の産物であった。

この点について彼は「政治が雄大になり強力になるにつれて、戦争もまたこれに準じるのである、そして両者のかかる関係が極度に達すれば、戦争はついにその絶対的形態を得るのである」と述べている。古い政治が戦争に課していた制限は一気に取り払われ、「政府および国民のすさまじい遂行力と烈しい狂熱」の中で無制限の資源の動員が可能になる。今や、軍事力を政治的姦策の道具として駆使する戦争に代わって、敵の「完全な打倒」が唯一の軍事的目的になったのである。

クラウゼヴィッツの絶対的戦争という概念は国民国家の時代における戦争の現実に立脚した概念であり、敵の「戦闘力の撃滅」が戦争の目標として登場する。戦争計画としては敵の軍事力の「重心」の確認とそれへの攻撃と粉砕、首都の攻略、敵の最も重要な同盟国に対する攻撃などがあげられている。そして敵の意志を屈服させることが戦争終結にとって決定的に重要である。こうして敵の「戦闘力の撃滅」がクラウゼヴィッツの名とともにその後における戦争論におけるドグマとなっていく。問題は戦争の終結であるが、彼は「戦闘力の撃滅」がどのような結果につながるかについてあまり語っていない。もちろん、既成の政治体制を温存し続けることが古い政治の体質であったこととの対比で講和が結ばれる場合もあれば政治体自体が消滅する可能性も想定している。

しかしながら、二〇世紀の歴史を知っている者としては、絶対的戦争という概念が実は政治と戦争との限りなき一体化を推進したのではないか、その結果、政治は戦争を道具として「使う」ことができなくなり、政治が戦争に呑み込まれることになったのではないか、こうした疑問が出てくるのは避けられない。

実際、人類が目にしたのは戦争に「使われる」政治であり、あるいは、戦争そのものを政治の目的にするような傾向であった。古い政治が戦争を絶対的形態から遠ざけたことに対する彼の批判は十分に説得性があるとしても、絶対的戦争における政治と戦争との関係についての議論は具体性に欠けるように思われる。しかしこの点こそ、その後の人類にとっては決定的に重要であったのではないか。

Ⅵ 政治と経済

アダム・スミス『国富論』（一七七六）
――「良い統治」と経済活動

アダム・スミス（一七二三―一七九〇）は英国の経済学者・哲学者。『国富論』は経済学を初めて科学的に体系づけた大著。

†政治と経済

政治を徳、宗教、さらには軍事との関係で論ずる伝統からすれば、経済活動は総じて周辺的で、従属的な活動領域でしかなかった。例えば、政治学の伝統を作ったアリストテレスにおいて、経済活動を扱う領域は家政術（oikonomike）の一部として専ら位置づけられていた。経済活動は基本的に家を単位とする人間の生活とその再生産のための活動であり、徳を理想的な目標とする立場からするとそれに熱中することは物欲への転落であり、堕落を意味した。従って、経済活動そのものは市民にとって万止むを得ないもの、あるいは、奴隷や居留民といった市民以外の者が主として担うべき活動領域として位置づけられたのである。

端的に言えば、こうした経済活動に対する政治学の関心の薄さは、経済生活の安定的「停滞」をほとんど自然のものと考える発想とつながっていた。これに対して『国富論』は徳などといった観点からする政治論と並んで経済活動が政治の主要なテーマとして登場する新しい事態の到来を告げた作品であり、その意味で政治学においても古典として取り扱われるべきである。そのことはその後の歴史に照らしてみれば誰の目にも明らかである。

『国富論』は「有名であるがあまり読まれない本」と言われてきた。確かに、細かな歴史的事実や施策についての記述が多くの部分を占め、決して読みやすい作品ではない。全体は五編からなるが、それは大別すれば、人民の富裕をどのようにして促進するかということと、政府が公共の業務を遂行する上で十分な収入をどのようにして確保できるかということに絞られる。第一編から第四編までは前者に対応し、第五編は後者に対応している。その最大の特徴は重商主義や重農主義などそれまでの回答とは違った独自の回答にあったことは言うまでもない。

†分業体制と自愛心

『国富論』の第一編は経済に関わる彼の原理的な議論を展開しているが、それは同時に社会や政策のあり方についての彼の見解を知る上で言及しないわけにはいかない。あらゆる生活必需品は究極的には労働の成果であるが、その豊かさを決定づけているのは労働に従事する人々の数とその技能、技巧、判断のあり方である。そして、文明社会は野蛮な状態においては考えられなかったような高い生産力に基礎を置いており、その根拠とそこに形成される自然的経済関係の分析がスミスの第一の課題であった。周知のようにスミスは分業こそ生産力を高めた最大の原因であると考え、有名なピン製造の実例に即してこれを説明した。野蛮な状態にあっては一人の人間があらゆる仕事に従事しなければならなかったのであるが、文明社会においてはその専門に特化し、高い技術と熟練を備えた生産活動が行われている。それはやがて恐るべき程度に生産効率を高める機械の発明にもつながっていく。その結果、生産物が増加し、社会全体に豊かさが拡がっていくことになる。

この分業体制を可能にするものは何か。スミスはそれを一つの計画によって意図的に作り出されたものとしてではなく、人間の本性、すなわち、「交換する」性向に根拠づける。これは他人の仁愛（benevolence）に専ら期待して同胞の助力を得ようとするのではなく、同胞の自愛心（self-love）に訴えることによって成立する相互の助力関係である。必要物を互いに交換し合い、お互いの利益をそれによって実現するというのがこの関係の核心である。この交換し、取引するという人間の性向からそれぞれの人間が異なった才能を開発することになり、分業体制への道が拓かれる。

この議論の大切な点は、人間同士の協力関係を徳の涵養によって初めて可能になるものと考えてきた伝統と大きく異なっているという点である。人間の自愛心が物欲として現れることは昔から指摘されてきたが、ここでは自愛心が人間同士の相互対立やゼロサムゲーム関係ではなく、「見えざる手」によって相互協力と豊かさの増大に寄与しているものとして新しい意義を与えられている。しかもそれは格別な指導や教育を必要とせず、人間の自然に根拠を持ち、従って、大衆を巻き込んだ巨大なシステムを生み出すことができる。そこに経済生活の安定的「停滞」を当然のものとして想定する立場からすれば想像を絶するようなダイナミックで、巨大な富の生産のメカニズムが展望されることになる。国富の増加とともに労働者への需要は拡大し、賃金も上昇する。それは大衆の勤勉を刺激するとともに人口の増大にもつながり、貧民をも巻き込んだ経済の好循環が実現する。その際に最も大事なのは、各人の選択を完全に自由に放置しておくことに他ならない。

†政治への視点の重要性

ところでここで誤解しないようにしなければならないのは、この作品があくまで『国富論』と命名され、今日的な意味での経済学の作品とは考えられていなかったことである。

彼は道徳哲学の教授であり、社会一般の事象の体系的講義を担当していたが、実を言うと『国富論』で展開された議論は彼の「法学」の講義の中の一部分に相当するものであった。「法学」――「法律および統治についての一般的諸原理の理論」を意味する――は正義と「行政、収入および軍備」、国際法の三つの部分からなり、『国富論』はこの第二の部分に概ね相当する内容を含んでいる。その意味で言えば、広い意味での法学や政治学の体系の中に『国富論』は位置づけられていたのであって、孤立的に単独で存在していたわけではなかった。その意味で『国富論』は純粋な経済学の書というよりも、現実の統治のあり方を具体的に問題にするという基本的視座を持っていたのである。

この視点から『国富論』を見直してみると、二つの点が浮き彫りになる。第一は、現実の統治政策や制度が彼が抽象的なモデルとして念頭に置くところの「自然の運行」と多くの点で衝突しているという点である。この「自然の運行」が各人の経済活動の完全な自由に最終的に帰着する限り、スミスは経済的自由主義を基礎づけたと言われることになる。現代に至るまで自由放任主義が好んで彼を引用するにはそれなりの根拠がある。

それにもかかわらず第二に、政府の役割や統治のあり方がいかに重要であるかを『国富論』は繰り返し強調していることもまた大切な点である。「自然の運行」は一定の制度環境の下においてこそ初めてその力を発揮できるのであって、決して無前提的にいつでもどこでも現実のものとなるわけではない。その意味では依然として「良い統治」はスミスの重大な関心事であった。ここでは「見える手」が問題になる。

そこで問題になるのは自愛心と「見えざる手」という道具立てで「良い統治」の担い手を見出し得るかということである。分業体制は個人の視野をますます狭め、公共社会全体への目配りから人々を遠ざけているという点にスミスはきわめて痛切な認識を持っていた。特に、経済活動の最も活動的な担い手である「利潤を追求する人々」の場合、社会全体の利益よりも自ら属する特定部門の利益により多くの関心を向け、しばしば競争を制限する方策などによって他の階級に負担を押しつけることをしてきたとスミスは主張している。

これに比べれば地代や賃金によって生活する階級の方がまだしも社会全体の利益との自然的な結びつきがあるとされるが、スミスが「良い統治」の担い手として期待したのは地代によって生活する階級、その中でも社会の複雑な利害関係について十分な知識を持つ人々であった。スミスは社会の経済的改善は地代を実質的に向上させることにつながるという議論によってこれを基礎づけたが、しかしこの階級こそ労働に無縁で、生産的活動から最も遠い存在であることもまた事実である。寄生的でさえある階級に「良い統治」の担い手を期待するというのは、スミスの思想の隠されたドラマへの入り口と考えられる。

ヘーゲル『法の哲学』(一八二一)
——政治と経済の体系化

ヘーゲル(一七七〇―一八三一)はドイツの哲学者。『法の哲学』は人間の自由という理念が具体化されるさまを体系的に展開する。

†人倫の体系

近代最大の哲学体系の構築者G・W・F・ヘーゲルは、アダム・スミスに発する政治経済学の描いた社会像とフランス革命のもたらした政治的衝撃を哲学的に受けとめようとした思想家であった。彼はまた鋭い現実政治の観察者であり、そのことは初期の『ドイツ憲法論』から晩年の「イギリス選挙法改正法案」によって実証されている。

『法の哲学』は彼の全体系の第三部精神哲学のうち、その第二部客観的精神の領域をカバーする。精神哲学全体のテーマは自由の展開を跡づけることにあるが、それ自身が三つの段階、すなわち、自己と対象との素朴な一体化の段階(主観的精神)、自己と対象との分裂と対立の段階（客観的精神）、自他の統一と和解の段階（絶対的精神）を経ることになる。客観的精神の段階は自由がこの世において現実化する過程であり、それ自身、抽象的法、道徳性、人倫（Sittlichkeit）に分けられ、この三つの段階を通して個別性と普遍性との統一と和解の過程がそれぞれ独自な形で展開される領域である（人倫の段階に至って真の自由が実現する）。人倫自身がさらに三つの段階に分けられ、家族（自然的ないし直接的な段階における人倫）、市民社会（形式的一般性という形において現れる自立した個人の結びつきとしての人倫の段階）、国家（個人の自立性と普遍性との合一が実現する人倫の段階）からなる。こうした全体的構想の中で政治の問題が論じられているのである。

†市民社会論

家族は愛と感覚という形式における主客の統一の段階であり、狭い範囲の中での愛他主義に止まる。市民社会（bürgerliche Gesellschaft）は普遍的な利己主義の世界であり、普遍性を体現する法は人々を外面的に結びつけているに過ぎない。ヘーゲルは市民社会をさらに三つ、すなわち、「欲望の体系」、司法、行政および職業団体の三つの段階に分けて考察する。市民社会は「欲望の体系」であるという規定はアダム・スミス以来の経済社会像に由来している。欲望に基礎を持つ労働の相互関係が、人間に特有の無限性への志向に支えられて、果てしのない欲望の増殖を生み出し、それが社会全体を覆い尽くす巨大なメカニズムがヘーゲルによって容赦なく描き出される。そこでは各人はその主観的目的に従って知らず知らずのうちに普遍的な相互依存関係の中に取り込まれていく。司法はこれに対して形式的ながらも生命や財産の権利を保護する形で個人の特殊性を超える普遍性の存在を認識させるものとして立ち現れる。ここでヘーゲルは次のように言っている。「国家が市民社会と取りちがえられ、国家の使命が所有と人格的自由との安全と保護にあるときめられるならば、個々人としての個々人の利益が彼らの合一の究極目的であるということになり、このことからまた、国家の成員であることはなにか随意的のことであるという結論が出てくる」。こうした「欲望の体系」を前提にしてそれを保護・実現しようとする国家を彼は外面的国家、必要に基づく国家、悟性国家（Verstandstaat）と規定し、自らの国家論との差別化を試みた。これは自由主義的政治論に対するヘーゲルの独自の立場を宣言したものに他ならず、これ以後の議論はそのことを念頭に置かなければ理解できない。

市民社会の第三の段階である行政と職業団体の項は市民社会から国家への移行、国家による市民社会の包摂の役割を担当している。ここでの行政は社会経済政策を含む広範な活動を意味し、「欲望の体系」が富の増加をもたらす反面で貧困問題の深刻化と賤民問題が鋭く指摘されている。生産過剰と貧困の中で、植民地の必要も説かれている。ヘーゲルは

「欲望の体系」を手放しで肯定するのではなく、歴史的先見性をもってその問題点を抉り出したのであった。こうした中で社会対策として、「第二の家族」としての職業団体（Korporation）の必要性が説かれる。これは「欲望の体系」の極端な個人主義に歯止めをかけ、普遍性の契機を現実化させる目的で公的権力の監視の下に置かれる団体に他ならない。

†国家の普遍性

国家（Staat）は市民社会の個別性、特殊性に対して普遍性、一般性を体現すべきものである。それは普遍的なるものを規定し、確定する立法権、個別的な案件を普遍的なものへと包摂する執行権、最終的意志決定を備えた君主権からなり、君主権は国家の統一性を一身において体現すべきものとして他の二権の上に立つ。この体制をヘーゲルは立憲君主政と呼ぶ。ここに見られる諸権力は互いに抑制均衡することを目的にするものではなく、全体として一つの理念の実現に向けて協働すべきものとされている。

立法権は法を定め、税を決定する役割を負うが、これ自身、君主、執行権、国会の三つによって担われる。さらに国会自身、農業に基礎を置く貴族層からなるものと市民社会の代議士（その選出は職業団体を母胎として行われる）からなるものとの二院制を採用している。立法権のこの構造は、市民社会の主観性と君主が体現するという普遍性との媒介を執行権と貴族層とが行うことを示唆している。国会の任務は立法権の一部を構成することによって市民社会の特殊利害を君主などへ伝達するとともに、君主や執行権の意図が上から伝達され、人々がそれによって人倫の体系に合致するようになるための手段である。その意味で国会は上からの大衆の教化の手段としても位置づけられている。

執行権は司法権と行政権との双方を含み、普遍身分としての官僚によって担われる。官僚は君主と市民社会とを媒介する中間身分とされる。執行権は君主のコントロール下にあるが、全体として立憲的・合法的体制であることが想定されている。君主権は他の二権に優位する地位にあり、国家の主権性を「われ欲す」という形で端的に代表する。この君主政は絶対権力を容認したかのように見えるが、実は多くの媒介項によってあらかじめ制限された存在でしかない。ヘーゲルは自分の描く国家をロシアのような専制国家と峻別し、それが立憲的であることを強調し続けた。

†世界精神の意図

国家のもう一つの役割はその対外関係にある。ナポレオン戦争を体験し、統一国家を欠いたドイツにとってこの問題は国家の大きな課題となる。この局面において国家は普遍性の担い手であるよりも、互いに一個の特殊性の担い手として現れる。国際法は主権国家の角逐の前には限定的な意味しか持たない。ここで戦争が大きな対内的・対外的テーマとして浮上する。まず、外交・軍事権は君主に属し、戦争の現実の担い手は勇気を本領とする階層、軍人である。国民の戦争への協力は人倫の精神に基づくものとされる。すなわちヘーゲルによれば、市民社会の価値観を超える国家の価値への自覚的献身と考えられなければならない。戦争は生命と財産を至上のものと考える市民社会の価値を相対化する効果があることになる。対外的には戦争はヨーロッパ文明を前提にした人道化可能なものと考えられ、なお絶対主義時代の国家間ゲームの色彩が残っている。

大事な点は、各民族や各国家がそれぞれに特殊利益を対外的に追求する外観の背後で、実は世界精神（Weltgeist）の歴史的な意図が貫徹していると考えられていることである。これは彼の世界史の構想につながり、歴史哲学においてその具体的な展開が分析されているが、確かなことは彼の描くゲルマン国家が世界史の頂点に立つものとして考えられていることである。このようにヘーゲルは自らの国家を哲学の図式によってのみならず、歴史の哲学によっても正当化可能なものとして論じたのであった。アダム・スミスの経済活動のダイナミック世界とフランス革命の解放した政治的エネルギーはこのように体系的に枠づけられ、教化、指導されるべきものとして位置づけられたのである。

マルクス、エンゲルス『共産党宣言』（一八四八）
――プロレタリアートの勝利と政治の終焉

マルクス（一八一八―一八八三）、エンゲルス（一八二〇―一八九五）はともにドイツの思想家・革命家。

†人間的解放のために

カール・マルクスの政治思想の原点は、フランス革命によって誕生した近代国家と、アダム・スミスによって描かれた経済生活の現実（彼はこれをヘーゲルにならって市民社会と呼ぶ）からなる二元的体制にあった。すなわち、人間は天上と地上との二重の生活を営んでいるのであって、一方では政治共同体のメンバーとして天上の生活を送り、他方で市民社会において私人として利己的で、世俗的な生活を送っている。このうち、前者の生活はあくまでも非現実的な普遍性によって満たされた、想像上の生活であり、後者こそ現実的な個人としての生活である。ここにみられるシトワイヤン（公民）とブルジョアとの二元性こそがフランス革命によって実現された「政治的解放」の意味であり、そこでは公民と区別される人間は共同体から分離された利己的存在、私的所有の担い手として括り出されている。欲求と私利、私的財産と利己的人身との保全がそこでの原動力である。そして何よりも政治共同体の任務がこうした人間の権利とその安全のための手段とされたことは、公民が利己的な人間のための手段となっていること、公民としての人間に対してブルジョアとしての人間が優位していることを物語っている、と。

マルクスの関心は、ヘーゲルのように市民社会を国家に従属させ、組み込むこととはまさに反対に、このような「政治的解放」の矛盾と限界を突破し、「人間的解放」を実現することに向けられた。そのためには政治共同体と市民社会の双方のメンバーとして分裂している人間の止揚、類的存在としての人間と個体的な存在としての人間との乖離を克服すること、個人の「固有の力」を社会的な力として認識し組織すること、逆に言えば、社会的な力を政治的な力という形で自分から分離するような状態を克服することが求められることになる。この「人間的解放」のためには利己的存在としての人間が深く組み込まれている市民社会、人間的疎外の現実である資本主義体制の分析が不可欠の条件とされる。

†ブルジョア対プロレタリア

『共産党宣言』はこの課題を歴史の現実の中で実現するためのプログラムを示したパンフレットであった。この作品は「今日までのあらゆる社会の歴史は、階級闘争の歴史である」という有名な文章から始まる。彼らによればどのような歴史的時期においても、経済的生産と交換の支配的な様式、およびそこから生まれる社会組織が土台をなし、その時期の政治的ならびに知的歴史はこの土台の上に築かれ、この土台からのみ説明される。そして全人類の歴史は搾取する階級と搾取される階級、支配する階級と支配される階級との間の抗争である階級闘争の歴史であった。その上で彼らは、現在では、搾取され、圧迫される階級（プロレタリア階級）が搾取し支配する階級（ブルジョア階級）の支配から解放されるためには、同時に、究極的に、社会全体をあらゆる搾取、あらゆる圧迫、あらゆる階級的差別、あらゆる階級闘争から解放しなければならない段階に達していると力説した。

このメッセージはブルジョア階級が歴史的に成就した巨大な変革を前提にしている。彼らは伝統的・封建的諸身分が享受していた権利や絆を生産様式の絶えざる革新と「利己的な打算の水のなかで溺死させ」、一切のものを純粋な金銭関係に還元した。その結果、手工業者や農民はプロレタリア階級に転落し、階級対立は二大階級対立へと単純化された。

ここでは国家権力は単に全ブルジョア階級の共通の事務を司る委員会に過ぎない。ブルジョアの発達させた大工業は自由競争を旗印に世界市場を席巻し、膨大な生産力が蓄積されることになった。彼らによれば、この生産力はブルジョア階級の私的所有関係と衝突するまでになり、後者を維持するためには生産力を恐慌という形で周期的に破壊せざるを得なくなっている。機械化はプロレタリアを増加させる一方で、彼らの賃金を引き下げる。労働者は資本が増殖するためにのみ生活し、支配階級の利益が必要としなければ生活できないという境遇に置かれる。ブルジョアとプロレタリアとの個別的闘争からプロレタリアの団結と階級闘争へと組織化の波は広がっていく。ブルジョア階級は徐々に支配階級としての基盤を失い、彼らは自らの墓掘人であるプロレタリアを生産することになる、と。

†プロレタリアートの独裁と権力の終焉

彼らによれば、このプロレタリアの階級闘争の各段階において、卓越した洞察力をもってこの運動を積極的に推進する役割を担うのが共産主義者である。その目的は私有財産の廃止という形で要約されるが、その趣旨は社会の共同の生産物である資本を個人的なものから社会的なものに変えること、すなわち、資本の階級的性格を払拭することに他ならない。具体的に言えば、プロレタリア階級を支配階級にまで高めること、プロレタリア階級はその政治的支配を利用してブルジョア階級から次第に全ての資本を奪い、全ての生産用具を国家の手に（支配階級として組織されたプロレタリア階級の手に）集中する必要がある（「プロレタリアートの独裁」）。ここではブルジョア的な生産関係への専制的干渉が不可欠であり、これによって資本は私的な性格を失い、社会的なものへと徐々に変化する。かくして全ての生産様式が変化していくとともに、生産力の量的な拡大が始まる。『共産党宣言』には土地所有の収奪や相続権の廃止、運輸機関の国有化、工場や生産手段の国有化、土地の共同経営と改良などと並んで、児童の公共的無償教育、児童の工場労働の撤廃などが具体策として掲げられている。

プロレタリア階級は階級闘争の果てにブルジョア階級に対して勝利し、支配階級として旧来の生産関係を廃止する。このことによってプロレタリア階級は階級対立の存在条件と階級一般の存在条件を廃棄し、階級としての自らの支配をも廃棄することになるという。このようにして階級対立が消滅するとともに、公的権力は政治的性格を失う。何故ならば、本来の意味での政治的権力は、他の階級を抑圧するための一階級の組織された権力を意味するからである。彼らは「階級と階級対立とをもつ旧ブルジョア社会の代りに、一つの協同体があらわれる。ここでは、各個人の自由な発展が、すべての人々の自由な発展にとっての条件である」とこの変化を要約している。

†政治の封印

マルクスとエンゲルスの弟子たちはその後も階級闘争の必要性（必然性）と政治の廃棄を目指す革命について無数の文献を積み重ねてきたが、『共産党宣言』で述べられた構図は基本的に維持されたと言ってよい。政治思想の観点からすれば、政治を階級支配に還元し、従って、階級支配の終焉とともに政治の終焉が訪れるという彼らの議論は政治についての新しい議論を展開したというよりは、むしろ政治についての議論そのものを封印した面が大きい。「労働する動物」という唯物論的人間観に立脚して個と全体、特殊と普遍との統一ないし合致に究極の目標を設定するという発想は、政治的に問われるべき問題そのものをあらかじめ封印する結果を招いたのである。

実際、こうした統一ないし合致がないことから政治の思考が始まるということを考えるならば、これは当然の結論であろう。その点では彼らが批判したヘーゲルの方がまだしも生き生きとした政治的思考に満ちていたと言える。彼らの弟子たちは政治に対して専ら革命とその戦術という観点からのみ接近することになったこと、マルクス主義が巨大な共産党支配として現実化した時、政治的思惟の深刻な無力化に見舞われたこと、これは先のような視座に起因するものであって、決して偶然とは言えない。

ロールズ『正義論』（一九七一）
――リベラリズムの哲学的基礎づけ

ロールズ（一九二一―二〇〇二）はアメリカの哲学者。『正義論』は社会の基本的構成原理についての体系的理論である。

†公正としての正義

自由放任主義の立場に立つ自由主義は、一九世紀後半になると社会主義のみならず、自由主義の陣営からも批判されるようになった。二〇世紀前半に新たに登場した自由主義は政府の所得再分配機能を積極的に受容し、自由放任主義から訣別した。

新しい自由主義は長い間功利主義とは異なる自らの立場の新たな哲学的基礎づけを待ち望んでいたが、これに応える作品として登場したのがジョン・ロールズの本書であった。その内容は広範な関心の的になったし、その議論の立て方は学界の議論を呼んだ。その波紋は出版後三〇年経ても未だに収束するようには見えない。それどころか本書は現代の諸議論において一つのパラダイムないし出発点として、現代における古典としての確固たる地位を占めている。

彼のテーゼは「公正としての正義」である。それは二つの原理からなる。第一原理は、各人は他人の自由と両立する限りにおいて、基本的な自由に対する平等な権利を持っている（平等な自由の原理）。第二原理は、社会的・経済的不平等は（a）最も不利な状態にある者の利益になると期待される、（b）不平等を伴う地位や官職は万人に開かれている、ように制度化されるべきである（格差原理）。一言で言えば、平等な自由と機会の公正な平等がこの議論の眼目である。

このうち、第一原理は第二原理に優先する。すなわち、平等な自由を社会的・経済的利益と取引してはならない。第一原理は公民の基本的自由であり、その中には政治的自由、言論・集会・結社の自由、思想・良心の自由、人身の自由、所有権などが含まれる。第二原理は富の配分、権威や命令の組織化に関わる原理であり、財貨に関しては平等である必要はないが、最も不利な立場の人間にとっても利益になるように配分することを条件に不平等を正義にかなったものとし、権威や命令に関わる組織は万人にオープンにしなければならないとしている。

これらの原理のうち、最も多くの議論を呼んだのが富の分配を中心とした格差原理であった。ロールズは人間の能力や力量の差があることを認めないわけではない。しかしながら、その根拠をどこに求めるかについて独自の議論を展開した。一方には、こうした差異を全て個人の努力の賜物であると考え、従って、その差異から財貨の不平等は全て正当なものであるとする見解がある。これに対してロールズはこうした差異は個々人の努力によるよりも生まれた環境や家族といった、個人にとっては偶然的な社会的条件に根拠があるとし、能力の差異のみを根拠に財貨の不平等を正当なものとする十分な道徳的な基礎はないと論じた。換言すれば、個々人の能力や力量は個々人にのみ帰属するのではなく、社会全体に属する共通の資産として、社会全体のために用いられるのが正義の原理にかなうとされる。

そこでロールズはこうした差異が社会で恵まれない者の利益になることを条件にして、そこに生ずる財貨の不平等を正当なものであるとしたのである。この考え方は、能力や才能なるものが広い意味での社会の共同的生活の枠内で意味を持つこと、それに立脚してメンバーの相互性や連帯、友愛の理念によって単なるメリトクラシーを是正するものである。これによって各人が平等な自由の主体として、自らの生を計画し、生活していくのに必要な第一次的善（手段）に与ることが可能になる。

†良き社会の原理

ロールズの正義論はカント的な人格の尊厳を中核にして組み立てられている。それは何よりも、利益と幸福の極大化を目的とする功利主義に対する批判の意味を持っている。ロールズが第一原理と他の諸利益との取引を禁じ、その絶対的優越性を強調しているのはその一例である。功利主義は「公平な観察者」の観点から、「最大多数の最大幸福」を実現するために社会の資源配分を効率的に行うことを関心事としているのに対して、この正義論は相互利益のために協同し合う人々からなる良き社会の原理を示そうとするものである。こうした観点から両者の間で多くの議論が行われた。

この正義論はどのように基礎づけられるかという問題は当初から多くの議論の的になってきた。確かなことは、アプリオリな原理から正義の原理を演繹する立場を彼はとっていないことである。ここで登場したのが、原初状態（original position）における各人の間の契約の結果として正義の原理を導き出すという方法であった。この契約はあくまで正義の原理を導き出すために採用された仮想的な手段であり、一定の条件の下での相互間の契約とされている。すなわち、彼の良き社会の原理に矛盾するような条件はほとんどあらかじめ排除されているのである。

契約当事者は具体的な人間ではなく、自由で平等な道徳的人格を担う抽象的な存在である。ロールズはこの主体の普遍性を確保するために、契約当事者に「無知のヴェール」をかける。例えば、各人は自分がどのような点で他に秀でた能力を持っているか、いかなる社会的地位にあるか、社会状況がどうなのかについて無知である。また、羨望を持たないものと考えられている。「無知のヴェール」は各人の自己利益や特殊利益が支配するのでなく、あくまで合理的存在として社会の基本原理を合意によって作り出すために必要とされる。

こうした条件下で各人は何よりもまず自由の原理を要求し、その上で自らの社会的リスクを最小限にするような原理——自分が才能において劣っている場合でも、人間にふさわしい生活ができるような歯止めをかける——を選択することになる。ここに功利主義のように各人が全体の利益や幸福の名の下に合体して計算されるのでなく、各人の自尊心、相互尊敬に基づく原理が可能になるとロールズは言う。これこそ、彼にとってカント的理念の現実化であった。この原初状態論の説得性をめぐって沢山の議論がある。特に、このような結論が何故導き出されるのかについては活発な議論があった。

†権力、利益、義務の配分

ロールズの正義論は何を目的にしているのか。それは個々人や特定のグループの処遇を直接問題にするものではなく、あくまでも政治制度や主要な経済・社会制度のあり方を律することに目的がある。すなわち、社会の基本的な制度において権利や利益、義務をいかに取り扱うか、いかに配分するかに関係する議論であった。

第一原理は諸々の自由を平等に尊重する立憲民主政を制度として要請する。この点については特に独自の主張は見られない。これに対して格差原理の制度化は大きな焦点になる。資本主義体制に対する政府の機能については、市場の自由競争の効率的な運用を確保する機能に加えて、完全雇用実現のための機能、最低限の生活条件を満たすための機能(ミニマムレベルの福祉の実現)、財産の配分のあり方についての介入機能(自由と機会の平等にとって障害となる財力の集中を相続税などによって排除し、富の配分を矯正すること、ミニマムレベルの福祉政策を実現するために必要な歳入を課税などによって調達すること)などがあげられている。ここに格差原理と政府機能との密接な関連が見られる。このような社会の基本制度を律する正義論の原理から逸脱したような状態が発生した場合には、ロールズは市民の不服従を正義に基づく共存関係の回復という観点から正当であるとした。なお、一言すれば、ロールズの正義論は国内の制度論の枠を超えて国際秩序のあり方をめぐる議論にも適用可能なものと考えられている。

ロールズの議論は人間の自由、独立、尊厳を基本理念としつつ、各人をばらばらな主体として捉えるのでなく一つの社会的連帯のうちに生活する存在と考え、個人主義と集団主義とをバランスさせる議論である。このバランスは微妙であるため、それぞれに批判を招くことになった。自由を原子論的に捉える保守主義者たちは、本来「機会の平等」と結びつくべき自由を「結果の平等」へ従属させたと批判した（平等主義の唱道者としてのロールズ）。他方で自由主義を批判するグループは、この正義論は不平等を正当化する議論であり、さらに個人主義と私的利益中心の社会像から一歩も自由になっていないとして批判を加えた。しかし、この正義論が二〇世紀後半の自由主義の最も注目すべき定式化であることについては立場を超えて合意がある。

Ⅶ 民主政論

ルソー『社会契約論』（一七六二）
——人民主権論の魅力と魔力

ルソー（一七一二—一七七八）はフランスの啓蒙思想家。『社会契約論』は人民主権のバイブルとされてきた。

†社会契約と新たな共和国の誕生

多くの啓蒙思想家たちとジャン＝ジャック・ルソーとの間には深い溝があったが、何よりも眼前の文明社会に対する評価で大きな違いがあった。ルソーの『学問芸術論』『人間不平等起源論』は文明社会に対する彼の厳しい見解を伝える格好の素材である。『社会契約論』は確かに人民主権を定式化した有名な作品であるが、人間と社会に対するこの複雑で屈折した思いは随所で顔をのぞかせている。

『社会契約論』には自然状態論がなく、政治権力の正当性の問題から始まるが、ルソーは先行学説の批判においてほとんどロックそのものの主張を行った後、次のように述べる。

滅亡の危機に直面した人類に残された方策は既成の力を次のような条件の下で結合すること、すなわち、「各構成員をそのすべての権利とともに、共同体の全体にたいして、全面的に譲渡すること」である、と。この結合は「各人が、すべての人々と結びつきながら、しかも、自分自身にしか服従せず、以前と同じように自由である」ようなものでなければならない。この社会契約によって新しい公的人格が成立し、これをルソーは共和国と呼ぶ。

ここでの主権者は集団としての人民であり、各人は人民の構成員として市民と呼ばれる。この主権者の命令に従うことは自己の命令に従うことと同じであるとルソーは言う。同時にこの結合によって全ての身体と財産は共同のものとして一般意志の最高指揮の下に置かれるが、一般意志は特殊意志およびその塊と区別され、それらと対決する共通の利益と普遍的・一般的なものを志向する、「誤ることのない」意志とされる。一般意志は主権者である人民によって担われるべきものであり、その現れが法である。

†一般意志の支配と道徳性の実現

全ての権利と身体を共同体に譲渡し、一般意志の下に置く結果、共和国を超える権利はもはや存在しない。もちろん、各人は無権利状態になるわけではなく、共和国が留保した部分以外の権利は行使できる。何が留保されるべきかを決めるのは一般意志を担う主権者である。人民主権は何物にも拘束されず、ましてや個人の財産権によって拘束されることはない。共和国全体の配慮に基づいて財産や経済活動に介入することはむしろ当然のことである。それでも共和国への参加は決して不利な取引でないとルソーは言う。

それというのも、人間は共和国を組織することによって危険な自然的自由から一般意志に服従する安定した国家内の自由を受け取るからで、それに伴う犠牲（軍事的な義務など）を払うのは当然である。それに加えて共和国のメンバーになることによって人間そのものの変革が生ずるとルソーは言う。本能に代わって道徳性が、欲望に代わって権利が、好みに代わって理性が人間を支配するようになる。人間の能力が高まり、魂は高尚になるのである。ここで実現する道徳的自由の境地は人間を真に自らの主人たらしめるものであり、人間の自己完成能力は共和国状態において完成の域に達することになる。ルソーは『人間不平等起源論』において文明社会に対する悲観主義を容赦なく展開していたが、『社会契約論』は単に諸権利の安定化といった目標だけではなく、何よりも人間の変革を目指す意図を持っていたのである。ここに人民主権論と一般意志論の複雑な相貌が見えてくる。

†代議制なき機構論

主権者である人民は一般意志の表明者として立法権を持つ。これに対して法を特殊な事例に即して適用するのが執行権、政府である。ルソーは主権者と政府とを峻別し、政府は基本的に人民の一方的な決定によって成立するものと考えた（支配服従契約の拒否）。ルソーの政府形態論は民主政、貴族政、王政、混合政体の四つからなる。民主政は主権者と政府の担い手が重なるため、さまざまな混乱が起こると予想される。民主政は絶大な政治的徳なしには存続不可能であり、「神の民」にしか適合しないというのが彼の見解であった。貴族政は中規模の国に、王政は大国に適合的だという。政府の大きな問題は政府が一個の特殊意志の担い手になり、主権の簒奪などの危機が訪れる場合である。

周知のように、ルソーは代議制を拒否し、あくまでも主権者である人民の集会の可能性を古代ローマの例に従って説き続ける。政府の介入を防ぐために人民の自主的集会権を擁護し、いったん、その集会が始まるとともに政府の活動は停止し、主権者の全能が復活することになる。その上、彼は主権者と政府との関係を調整するために護民官を設け、危機存亡の折には法と主権を停止する権力を有する独裁官の設置を提言している。ルソーの機構論はこのように古代ローマ風の強い色彩を帯びている。

†立法者の役割

社会契約説、人民主権、そして一般意志、これがルソーの議論の骨格を成している。『社会契約論』の議論はこの骨格部分についてかなり複雑な記述を残している。最も気になるのは、一般意志は決して誤ることがないと述べる一方で、主権者である人民はしばしばその判断を誤り得るとされている点である。人民の権力・権能と能力とのこのギャップは第二編第六章「法について」において赤裸々に語られている。法の作成者は人民以外にはないが、法が一般意志の現れでなければならない以上、人民には立法作業はできないことになる。これでは一般意志は常に正しいと言われても何の気休めにもならない。

そこでルソーはこのギャップを埋め、人民に法を「与える」作業を担当する存在として立法者を持ち出した。社会契約は新しい共和国の骨組みを打ち立てたが、その内実を埋める作業はそこに全く登場しなかった立法者の手に委ねられる。立法者はあらゆる意味で超人的な能力の持ち主である。彼は人間のあらゆる情念に通暁しつつもそれによって動かされず、自らの幸福と無縁なもののために献身する存在であり、神にも等しい存在である。立法者の目標は人間の変革である。すなわち、ばらばらな個人を一個のまとまりのある共同体の一部分に変え、自然的な存在を道徳的な存在に変えること、言い換えれば、特殊意志の担い手でしかなかった人間を一般意志の担い手に変えることを目標としている。従って、立法作業の主眼は制度の整備よりも人間の習俗、心のあり方に向けられることになる。

この偉大な任務にも関わらず、立法者は国家組織の中にいかなる地位も持たない（人民主権の構図と矛盾しないためにも)。それゆえ、彼の立法作業はきわめて困難である。説得によって人間を変えることは、さながら「結果が原因にならなければならない」ようなものである。いずれにせよ、立法者の作業は多かれ少なかれ、宗教的権威に頼らざるを得ないのはそのためである。ここで『社会契約論』は立法者論に変貌し、人民は立法を「与えられる」素材に転化していくが、そうなれば『人間不平等起源論』にあった悲観主義が再び頭をもたげてくる。立法ができるためには一定の社会的条件が必要になることになる。

当然、この共和国が存立できる地域は限られたものにならざるを得ない。

『社会契約論』の末尾の「市民の宗教について」という章は、人民が主権者であるためにはどのような心の制度化が必要であるかという、立法者の課題と密接に関連している。ルソーは人間の特殊意志の根深さ、それによる一般意志の破壊に対して細心の注意を払っている。そのためには言論統制を含め、立法者が人々の心に刻み込んだ市民としての役割を宗教の名によって常に確認し、再生産する必要があった。人民主権の簒奪が政府によって行われることへの警戒心は先に指摘したところであるが、それと並んで、あるいはそれ以上に、人民自身が一般意志から乖離し、その本来の役割を内側から掘り崩す可能性について神経質になっていた。その遠因は一般意志を超越的なものと考えたことにあるが、それは文明社会の弊害を克服しようという意図からの帰結であった。後年、この一般意志の超越性が独裁制の口実に使われようとは彼も想像しなかったに違いない。

ジェイ、ハミルトン、マディソン『ザ・フェデラリスト』（一七八七）
——連邦制と権力分立制

『ザ・フェデラリスト』は連邦憲法案を擁護し、世論に訴えて憲法案の批准を確保すべく執筆された新聞論稿集。

†近代民主主義の誕生

アメリカ合衆国の独立と新しい政治体制の試みは政治思想史にとって大きな画期をなした。アメリカには王や貴族といった伝統的身分層がなく、共和主義以外に選択肢がなかったが、これまで大勢の人間が政治に参加する共和主義という仕組みは狭い地域、典型的には都市国家においてしか存在できないものと考えられてきた。これは古代政治思想のドグマが長い間にわたって支配してきたことを物語っている。アメリカの建国、特に、合衆国憲法の制定はこのドグマとの訣別と近代民主主義の誕生を告げる大きな節目となった。

ところで、アメリカ各州は独立以来、「同意による統治」と「不可譲の権利」の両立を目指して代議政体を採用した。これは古代の直接民主主義的仕組みから訣別し、サイズの拡大に応答する新たな試みであった。しかしながら、時間の経過とともに、この二つの両立の難しさが言われるようになった。ジェファソンの『ヴァージニア覚書』は代表者が結集する立法部の権力が強大化し、「多数者の専制政治」が行われる可能性に言及している。かくして代議政体の樹立を超えた制度の構想が必要になり、対外的な危機に加えて各州間の諸々の対立を解決するために、連邦憲法制定会議が開催されたのであった（一七八七年）。

†新しい連邦政府の構想

憲法草案は各州での批准投票に付されることになったが、その際、憲法案擁護の論戦を張ったのが『ザ・フェデラリスト』の著者の三人、ジョン・ジェイ、アレグザンダー・ハミルトン、ジェームズ・マディソン、であった。この作品は新聞に発表された八五篇の論考から成り立っている。ここでは大きく三つに分けて彼らの議論をまとめておきたい。

第一は対外的な平和の維持である。政治的な野心はもちろんのこと、商業上の利益をめぐっても国際関係は常に戦争の可能性をはらんでいる。各州がばらばらなままでは外国にその足並みの乱れを突かれ、強国の餌食になるのは見え見えである。従って、連邦政府の強化と州の主権の廃棄は不可避の課題である。併せて軍事力の強化とそのために必要な信用の管理と財務基盤の強化が力説される。こうした連邦政府の強化は個々人の自由に対して脅威を与えるものではないことが繰り返し指摘されている。

第二は州の間の対立問題がある。アメリカは各州がそれぞれ自己主張をする封建制のようなアナーキー状態にあり、境界をめぐる争いや大州による小さな州の征服問題などが山積している。これは専制政治の可能性をはらんでおり、これを防ぐためには強い連邦政府を樹立して平和を維持するしかない。また、連邦と州との抗争は裁判所を通してコントロールすることが想定されている。

第三のテーマは自由に適合的な政治制度の樹立である。「連邦憲法の父」と呼ばれたマディソンは社会契約論に基づき、人民を権力の唯一の源泉であるとし、政府の目的は社会や人民の幸福と安全にあるとした。人民主権に根拠を持つ参政権がこうした政府の目的に適合的であるようにすることが課題となる。ここで正義とは人々の自由、私的権利、なかんずく、財産権の保護を意味した。これと民衆的政府（popular government）の原理との両立が問題になるが、現実には「多数者の専制政治」という形で相互の対立・矛盾が顕在化しつつあるというのが彼らの認識であった。そこで彼は民衆政治に対する生命、自由、財産権の保護を優先させるような形で、民衆的政府の権力行使を制限しようと試みることになる。その意味では民衆的政府は自由や財産権の保護を実現するような政府にならなければならない（これを彼は free government と呼んだ）。それではどうするのか。

†派閥の効果を抑制する方策

彼は市民の間での利害対立が日常化し、公民の徳に期待をかけることがもはやできないという前提から出発する。人間は天使ではないのである。その結果、一部の利害を中心にした派閥や党派が横行するようになり、一般的利益は脅威にさらされている。しかし彼は同時に、こうした派閥は政治的な自由と不可分のものであること、公民に同一の見解、同一の感情、同一の利害を与えることによってのみ除去できるものであること、後者のような古代的手法は自由と矛盾し、受け入れられないものであることを確認している。かくして派閥の除去という選択肢はなくなり、その効果を抑制することだけが現実の課題となる。派閥の原因は人間の自由と多様性、なかんずく、人間の才能の多様性から生ずる財産の不平等な配置にあるというのが彼の見解であった。

派閥の効果を抑制する方策として、彼は共和国の拡大と連邦制の採用を提案する。狭い領域を前提にした純粋（直接）民主政は、古代の都市国家がそうであったように、多数派の意志による少数派や個人の圧殺を防ぐ手だてがなく、個人の安全や財産権の保護と全く両立できない仕組みである。これに対して彼の描く共和国は代議政体を採用し、広大な領域と多数の市民を含み、そうであればあるほど、統治に携わることになるのは識見と判断力において優れた人間だけになろう。共和国が大きければ大きいほど、信頼しうる人間が統治を担当する可能性が高まる。同時に、共和国が広ければ広いほど、多数の派閥が誕生して互いにつぶし合いをするため、ある一つの多数派が形成されるのは難しくなる。仮に潜在的にそうした一つの多数派があったとしても、現実に圧政を行うことはきわめて困難である。こうした観点から連邦制を採用する積極的な意味が唱えられ、小さな狭い領域と一体のものとされてきた共和政は古代以来の伝統から自由になったのである。

これと並んで彼は「自由な統治のための神聖な原理」としての権力分立制の導入を唱える。すなわち、三権ないし二権が同一人・集団の手に帰属している状態は専制政治であり、そこでは自由の存在する余地はない。その際、問題は単純に権力を分立させることにあるのではなく、一つの部門に全ての権力が集中しない程度において互いに分離し、あるいは互いに抑制する権限を認めるようにすることであった。すなわち、権力には権力を、野心には野心を対置させることによって権力の持つ自己拡張的な動きに歯止めをかけることがそこでのテーマであった。

ここで警戒の的になったのは立法部であり、人民との一体性を根拠に他の部門の権力を浸食する可能性を持つものと見なされる。そこで立法部を上下二院に分け、上院による下院の牽制や上院と執行部との協力関係等を模索することになった。さらにハミルトンは、行政部の強化のための議論を展開し、大統領の単一性、任期の長期化、再選などによってその立場の強化を図るとともに、拒否権によって立法部と対峙する余地を作った。行政部は公共の福祉の体現者として、立法部と堂々と渡り合うことが期待される。その上、終身の裁判官によって構成される連邦レベルでの司法部が創設され、立法部の決定に対して違憲立法審査権が付与された。これもまた立法部による権力簒奪と圧政に対する防壁として機能することが期待される。

『ザ・フェデラリスト』において人民は全ての権力の源泉とされ、憲法も人民の定めたものとなった(批准投票という手続き)。彼らは権利章典は不要だとの立場を主張したが、それは権利章典がもともと君主と臣民との間の契約物であり、人民が主権者であるアメリカではふさわしくないと考えたからであった。連邦の三つの権力は専ら機能的に連関するものとなり、それまでの権力分立制につきまとっていた身分制的要素は払拭された(人民主権と権力分立との新しい結合の誕生)。さらに連邦と州へと人民の権力は委譲され、もう一つの権力分立がこれに加わった。この非常にメカニカルな権力の抑制均衡論の背後に伝統的な貴族とは異なった卓越した人材(natural aristocracy)の存在とそれへの期待があったことも見逃すことができない。

トクヴィル『アメリカにおけるデモクラシー』（一八三五、四〇）
——民主政のリスクと可能性

トクヴィル（一八〇五—一八五九）はフランスの歴史家・政治家。『アメリカのデモクラシー』は平等化についての卓越した分析。

†民主政の「新しい政治学」へ

『アメリカにおけるデモクラシー』は一八三一年四月から一〇カ月にわたったアレクシス・ドゥ・トクヴィルのアメリカ滞在の経験を基にして執筆された（第一部は一八三五年、第二部は一八四〇年に刊行）。かつてバークが擁護した身分制的社会とそれを前提にした政治モデルは崩壊した。その一方でフランス革命は安定した政治体制の創出に失敗し、遂にナポレオンの帝政に身を委ねる結果となった。このような政治的危機の中で、この作品はアメリカを通して民主政の現実を認識するとともに、そのリスクと新たな可能性を探究した画期的なものであった。

トクヴィルはこの著書の冒頭において、きわめて特徴的な歴史認識を展開している。すなわち、今やヨーロッパにおいてもアメリカにおいても「諸階層の平等」が揺るぎない趨勢となっており、政治を含めた平等化（デモクラシー）はさながら「神のみ業」のようになっている。ヨーロッパの旧体制の想い出を引きずっている人々は反動主義を唱えているが、トクヴィルはデモクラシーを阻止することを考えるのは神に対する挑戦であると断言する。彼は身分制的秩序の崩壊を眼前に見ながら、未来のデモクラシーに自らの希望を託す。もちろん、民主政は当時のヨーロッパにおいていわば本能のままに任せられ、開明されていない状態にあることを彼は承認する。これに対してアメリカは安定した民主政の可能性を探る上でまたとない素材を提供してくれる。その意味で彼のアメリカ論はアメリカを超える民主政の未来を切りひらくという目的を持つものとして書かれることになった。それは「諸階層の平等」の時代に対応する「新しい政治学」の樹立を目論むものであった。

†デモクラシーの病理と「穏やかな専制」

トクヴィルにおいてデモクラシーという言葉は社会的・政治的平等化とほとんど同義であり、この現象は何よりも個々人の平等への執着、「個人主義」の台頭として捉えられる。すなわち、平等化はあらゆる権威の否定につながり、宗教を含め、自らの判断のみを唯一の真理の源泉であるという考えにつながる。それはまた、富と財産を唯一、最大の関心事とする世界をもたらす。かつての貴族が富に対して示した距離感はもはや見られず、物質的・肉体的安楽への関心が社会全体を支配することになる。学問もまた実用化を免れない。この平等社会は身分制的社会のような差別化を拒否し、物質的欲望を基軸にした自己中心主義をモットーとする社会である（ヘーゲルの「欲望の体系」としての市民社会像と重なる）。その意味において、平等化は人間を互いに独立させ、自分の意思にしか従わない習性と好みを身につけさせる可能性がある。いわば、アナーキーへの傾向とでもいうべきものである。

しかしながら他面において、民主政の政治的表現としての人民主権は権力の集中を要請し、社会的多元性は今や根拠を失い、画一的な立法や統治こそが平等にかなうものとされるようになった。ここでトクヴィルはフランス革命が絶対主義とは比較にならない規模で権力集中の基盤を作ったことを指摘しつつ、民主政に内在する「多数者の専制」の可能性に注意を喚起する。この問題に対して先のような「個人主義」、自己中心主義を掲げる個人は全く無力であるというのがトクヴィルの結論である。すなわち、こうした個人は他人から孤立することによって無力化し、世論に対して容易に屈服することになる。その上、物質的安楽を求める傾向が支配しているため、彼らの魂は柔弱となり、多数者の意向に断固として抵抗するようなことはできない。自己利益と狭い人間的絆への関心に基礎を置く「個人主義」は政治に対する無関心と隷従の道につながる。従って、平等化はアナーキーへの傾向を持つよりも、新しいタイプの専制政治を準備する可能性がある。残虐な行為や暴力行使を伴うことなく、人々の狭い物質的利益に細やかに配慮する「穏やかな専制」がそれである、と。ここで犠牲になるのは自由に他ならない。

†自由の可能性を開花させるには

平等への傾向は新たな専制政治への可能性を内包しているとすれば、それをどう防止するかが次の課題となる（身分制的秩序に回帰しない以上）。それこそ、民主政を「啓蒙し、匡正する」政治学のテーマであった。端的に言えば、平等化に潜む自由の可能性を暴走させずに開花させることが課題である。専制政治が起こらず、民主政が平和と安定の中で維持されているアメリカこそ、それへの回答を与えてくれるはずである。それを解く鍵としてトクヴィルは三つの要素をあげている。第一は自然的、偶発的な原因である。ピューリタンの伝統の存在やパリのような巨大な首都がないこと、軍事問題がなく、従ってそれに伴う財政問題や軍事的栄光といった政治的に厄介な問題がないこと、そして何よりも広大な大陸が人々の物質的関心に対して安全弁として機能している（アメリカでは財産問題はゼロサム・ゲームにならず、ヨーロッパの社会主義者もアメリカでは活動の余地がない)。第二は法制度である。連邦制、地方自治制度、権力分立制などが注目されているが、特に、地方自治制度が政治教育において果たす役割(「民主主義の学校」)が強調されている。トクヴィルはフランスとの対比で行政的な中央集権がなく、人々が自らの手で身の回りの行政に携わっていることの重要性を指摘している。また、アメリカの民主政に秩序と安定をもたらすために法曹集団が果たしている役割に大きな関心を寄せている(いわゆる機能的なアリストクラシーの問題)。これとの関連で、陪審制は具体的な案件との対面を通して人々に権利と秩序、義務と責任を自覚させる専ら政治制度として注目されている。

第三の要素は習俗(「一国民の道徳的、知的状態全般」)である。ここでトクヴィルが問題にしようとしたのは各個人が眼前の利益に埋没し、「個人主義」や利己主義に陥り、権利や自由の公的側面を没却してしまう傾向であった。これに対して社会的活動や連帯への窓口を開く可能性を持ったものとしてトクヴィルが注目したのが宗教であった。何故ならば、宗教こそは人々を狭い自己利益の世界から超越させ、解放し、人間相互や人類との連帯やそうしたものへの義務を自覚させてくれるからである。「共同の観念なしに共同の行動はなく、共同の行動なしには人間は存在しても社会は存在しえない」のであって、宗教は人々のこうした紐帯として決定的に重要である。

お互いに結合し合う習俗はやがて自発的な（政治的）結社を盛んにし、受身的でない政治への参加を生み出す。習俗はデモクラシーの時代に不可避な自己愛を否定するものではなく、それを啓蒙することによって時間と富を公的活動のために割き、個人の利害と全体のそれとの結びつきを見定める態度を再生産する役割を持っていたのである。トクヴィルがアメリカで何よりも強烈な印象を持ったのは政治に対する積極的な参加とそれを支える習俗の存在であった。

バークの議論を想起すれば明らかなように、宗教や習俗は身分制的秩序と結びつけて論じられてきたが、ここでトクヴィルはこれらを安定した民主政（それまで不倶戴天の敵と見られてきた）にとってきわめて重要で不可欠な要素へと転換させた。ここにも彼の議論の斬新さを見ることができよう。また、アメリカのカトリック教徒が民主政の熱心な担い手になっているといった記述はフランスの現状からすれば衝撃的な指摘であった。

トクヴィルは随所においてアメリカの民主政に潜む「多数者の専制」の可能性について言及している。特に、精神的な同調主義がしばしば登場し、それが一つの要因になりうることが指摘されている。特に、州憲法においてはその可能性が小さくないことにも言及している。それにもかかわらず、アメリカは先にあげたような諸要素の結合によって民主政を安定的に運営してきたと評価し、そこに未来への希望をつないだのであった。

J・S・ミル『代議政体論』（一八六一）
——政治参加の作用と副作用

J・S・ミル（一八〇六—一八七三）は英国の哲学者・経済学者。『代議政体論』は代議政治が最善の統治形態であることを論じた書。

†代議政治の教育的効果

J・S・ミルは哲学的急進派、功利主義者の流れを汲みつつも、「精神の危機」を経てそこからの離脱を計り、功利主義とは異なった思想に接近し、保守主義や社会主義などにも関心を示した。後年になるとともに、人格の陶冶やその発展、個性の重視といったことへの関心を深め、快苦中心の功利主義の事実上の修正を試みた。それとともに改めて自由の問題への考察を深め、その擁護論を展開した。父ミルの『政府論』が功利主義者らしい単純さを備えていたのと異なり、彼の政治論にはこうした新しい思想的発展が随所に刻印されている。

ミルは政治制度の善悪をアプリオリに無前提的に論ずる態度を拒否し、あくまで歴史的発展との関連で考察すべきであると説く。すなわち、ある政治制度の善悪はそれが国民の知性や徳に代表される精神的能力に合致し、あるいはそれに十分に応えるものなのかどうかによって決定すべきであるという。一言で言えば、地球上のどこにおいても代議制がベストであるといった議論には賛成しないのである。未開状態の人々には自ずからそれとは異なった政治制度が適合的である。その上で彼は、文明状態にある人々にふさわしいのは民主政治（popular government）、代議政治であるという。

その理由は第一に、「全ての人々の権利や利益は、当事者がそれらを守ることができ、守ろうと思っている時にのみ守られる」からである。これは功利主義の政治論の基本を継承したものであるが、それはやがて労働者の権利や利益は労働者にしか分からないという形でその参政権を認める議論につながっていく。

第二に、この政治制度が国民の精神的進歩に大きく寄与するからである。それというのも、政治への参加によって人間はきわめて積極的で活動的な性格を身につけ、社会全体に進取の気風を巻き起こすのみならず、自らの人格を高め、その視野を広める大きな教育的効果を享受するからである。アングロサクソンの進取の気風はこうした政治参加の伝統と通底している。この議論は賢人に政治を任せるべきだといったプラトン以来の議論を排斥し、さらには、トクヴィルが描いた「個人主義」の世界、すなわち、物質的・私的利益の追求に埋没し、公的な事柄は全て善良な専制君主に任せる「穏やかな専制」の世界を意識した、ミルの反論と考えられる。

ミルはこうした「個人主義」を排し、私的利益の枠を超えて共通の利益、一般的利益への関心を示すことを人間のあり方として擁護した。政治に参加する権利は人間としての発展にとって重要な条件となる以上、それは広範な人々に認められなければならない。それとともに、彼はトクヴィルと同様、選挙権に加えて陪審制や地方行政への参加の政治教育的な意味を強調した。二〇世紀になってミルの中に参加民主主義の主張があるとされたのは、こうした彼の政治参加に対する積極的評価に原因があった。

†議会の能力への懐疑

ミルが『代議政体論』を執筆したのは英国の議会制が最も全能性を誇ったとされる時代であった。しかし、議会制に対するミルの議論はなかなか屈折している。少なくとも彼には議会の全能性や議会に対する楽観主義はほとんど見られない。彼は議会に集う代議士たちの能力に対して懐疑的であり、従って、議会の権限を大きくするような議論には非常に慎重であった。議会は執行権を持たないのは当然として、彼は議会が十分な立法能力を持つことができるかどうかについてもきわめて懐疑的であった。そこで彼は豊富な知識と経験を持つ議員以外の人々からなる立法委員会（commission of legislation）を設け、法案は専らそこで作成し、議員たちにはそれに対する諾否のみを求めるようにすべきであると主張した。こうして議会の立法権は表面的、受動的なものに止められ、かくして議会の主たる任務は世論の表明と公開的討論に限られることになる。

特にミルが怖れたのは「階級立法」の出現であった。彼の『経済学原理』は資本主義が深刻な二つの階級の分断状態を生み出し、人格の陶冶などと全く両立不可能な状態を生み出したことを的確に指摘している。この点の認識では、マルクス、エンゲルスとの共通性が見られる。そうした中で参政権の拡大が何をもたらすかについて悲観的に考えたとしても当然である。端的に言えば、彼は参政権の拡大を支持しつつも、議員たちが利己的・現在的関心に支配され、特定の階級の利益に合致する立法を行うことを危惧した。商工業階級と労働者階級の正面衝突は彼にとって悪夢であった。これは「多数者の専制」の一つの形態と見なされ、それを防止するためには公共の利益に配慮する人々の影響力を保持しなければならないという主張が繰り返されることになる。

こうした公共の利益に配慮する人材はいわゆるアリストクラシー機能を期待された存在であり、彼らの調整力に「階級立法」を防ぐ鍵が握られていた。こうした人々の影響力を担保するためにミルはさまざまな提案を行った。例えば、新しい選挙制度の導入や複数投票制の主張などはその例である。後者は勝れた知性や経験の持ち主に対して一票以上の複数の投票権を与えることによってこうしたエリートの影響力を保持する試みであった。また、立法委員会の旧メンバーや高い公職経験者からなる第二院の構想も同じ発想に基づいている。さらにミルは英国の伝統とはそぐわない形で官僚制の役割の重要性を強調した。彼の目にはこの点で先駆的なのはプロイセンであり、それをモデルにした厳格な採用基準に基づく官僚制の整備を緊急の課題として取り上げている。これらはいずれもアリストクラシーの必要性についてのミルの執拗な拘りを示すものであって、トクヴィルの議論との共通性は明らかである。

†歴史の進歩への信念

ミルの議論には二つの側面が並存しているように見える。彼は一方で政治参加の拡大を説き、その重要性を力説して止まない。しかし他方において、政治参加のもたらす副作用に敏感になり、「多数者の専制」や「階級立法」の影に怯えているように見える。バーク流に言えば、広範な政治参加を認めさえしなければ、自らの議論の影に怯える必要はなかったということになろう。しかし、トクヴィルが指摘したように歴史の流れにおいて平等化の潮流に逆らうことは「神のみ業」に逆らうものであり、それを覚悟する以外にもはや選択肢はなかった。バークにとって文明状態とはなお身分制的秩序を意味したわけであるが、今や文明状態においては民主政治以外の選択肢はなくなった。その中で民主政治が深刻な逸脱を免れ、さらにはより高い発展へと人々を導くためには、どのような政治的・制度的工夫が必要であるか、これが『代議政体論』の抱えたテーマであった。

ミルがあくまで政治参加の持つ重要性を擁護し、その教育的効果を説き続け、それへの希望を決して失わなかったことは事実である。しかし、それが所期の成果をあげるためには政治参加をただ放置しておけば済むとはミルは考えなかった。人間の利己心の根深さとそれに基づく政治的暴走の可能性から彼は決して目をそむけようとはしなかった。従って、理想の状態に一足飛びに到達できることは論外として、アリストクラシーの指導と協力によって「階級立法」と「多数者の専制」の危機を切り抜け、必ずや人間の新たな発展への展望を手にすることができるというのがミルの歴史的展望であった。そこには一九世紀に広範に見られた歴史の進歩への信念を見ることができよう。ミルにおいて自由と人間の発展、個性の開花は歴史の進歩と密接に結びついたものとして捉えられている。その意味ではミルはトクヴィル以上に自由とその意味について広範な基礎づけを行ったのである。

彼の『代議政体論』はわれわれがどのような民主政治論の時代にいるかを逆に照射して

くれる。二〇世紀にわれわれはエリート主義の教義に出会ったが、それはミルに見られたような歴史の進歩を視野に入れた相互協力関係を説くものではなく、大衆に対するエリートの侮蔑感を内包するものであった。この一九世紀と二〇世紀との落差は、民主政治と進歩の連携関係の相違を浮き彫りにしている。

Ⅷ 歴史の衝撃の中で

福沢諭吉『文明論之概略』(一八七五)
――「一国の人心風俗」の改革を求めて

福沢諭吉(一八三五―一九〇一)は啓蒙思想家・教育家。『文明論之概略』は日本最初の文明論で福沢諭吉の最高傑作。

†文明化とは何か

幕藩体制の崩壊と明治政府の成立、外国の脅威という日本史上の大変革は、思想上の大混乱の中で将来の路線設定をめぐる選択肢の模索を促した。この選択肢には西欧列強のアジア進出とこれへの応答が絶対条件であるという歴史的な大きな外枠が課せられていた。事実、共通のシンボルとしての文明開化、文明化の浸透はそのことを物語っている。問題はこのシンボルをどう理解し、自らの課題としてどう肉化すべきかということであった。『文明論之概略』はこうした歴史的条件の切実な認識を基にしつつ、文明化を人類史の新たな段階への飛躍の試みとして、その特質をこれまでの日本の歴史からの一大転換として清新に描き出した明治初期日本の精神的記念碑である。

福沢にとって西欧文明が当時の日本にとって目的であることは明白であった（もちろん、人類の理想の状態であったわけではないが）。野蛮・半開・文明という歴史段階論によれば、日本が半開を脱して文明の域に達すべきことは当然の課題であった。それでは文明化の内実とは何か。福沢はそれを西欧文明の外形（衣服、住居、飲食など）や制度を模倣することと理解する立場を拒否し、あくまで無形の文明の精神、諸事万端において現れる広範な人々の活動を支える精神的態度（「一国の人心風俗」）の改革に求めた。「先ず人心を改革して次で政令に及ぼし、終に有形の物に至るべし」というのが彼の基本構想であった。

目的とすべき「文明の精神」とは、さまざまな障害の除去によって人民大衆の智徳が自由に大いに発達すること、「天然に稟け得たる身心の働を用い尽して遺す所なき」状態に至ることであると言われる。こうした状態に到達するための人間的条件として福沢はしばしば「自由の気風」に言及している。そして「文明の精神」において西欧人に匹敵するような状態に日本人が到達することによってこそ、初めて日本社会の諸相は一変し、その対外的独立を合理的に論ずることが可能になるのである。

†既成の政治観への批判

『文明論之概略』は性質上きわめて論争的な内容を持ち、その大部分は既成の諸観念の批判に当てられている。実際その大きな魅力は、既成の独断と思い込みという障害物の除去がさながらソクラテス的方法を駆使して縦横無尽に行われる点にある。政治についての議論で言えば、最も中心的なテーマは政府と権力のあり方についての伝統的観念に対する容赦のない批判である。これはアジア的伝統への批判という拡がりも視野に入れている。彼が日本の文明のこれまでの特徴として「権力の偏重」を取り上げ、これを「全国人民の気風」としたことはよく知られている。その淵源は治者と被治者の二元性が社会全体に深く浸透し、「被治者は治者の奴隷に異ならず」といった発想が定着したことに求められている。新井白石が描いたのはこの治者の興亡であるが、先の二元的構造は王代の時から現在に至るまで「一度びも変じたることとなし」というのが日本の実情である。

その結果、学問も宗教も、商売も工業も全て政府の中に「籠絡」され、その命運は政府の判断によって左右されるべきものとされてきた。政府にはあらゆる価値と人材が集中する反面、「国事に関せず」という日本人民の状態は全く変わることがなかった。これが「日本には政府ありて国民（ネーション）なし」という彼の有名なテーゼの根拠である。これを裏側から言えば、「開闢の初より今日に至るまで、全日本国中に於て、独立市民等の事は、夢中の幻に妄想したることもあるべからず」ということである。宗教に政府からの独立性なく、武人にはゲルマン人のような「自主自由の元素」なく専ら上洛のことしか考えがなく、学者には「政府と名る籠《なづく》の中に閉込められ」、権力者による軽蔑を受けても「恥《はず》るを知らず」のような有様が一般的であった。これらを称して彼は「鄙劣の甚だしきもの」「卑屈賤劣の極」と酷評している。

儒学に対する激しい批判はこうした現状批判と不可分の関係にあった。言うまでもなく儒学は統治者たることを学問の目標として掲げ、先のような「権力の偏重」体制の永続化に寄与した。その所説は野蛮不文の時代に適合した私徳による統治に専ら関心を集中するものであって、結局のところ「古を信じ古を慕うて、毫も自己の工夫を交え」ない、いわゆる「精神の奴隷（メンタルスレーヴ）」とでもいうべき態度を基本としているという。これは文明の「時勢」とは全く不似合いな思想である。さらにそれは「至尊」と「至強」とを合致させた体制の再生産の学として専制の永続に絶大な貢献をしたのであった。この「独裁の神政府」こそ中国において実現されたことは言うまでもない。福沢によれば、儒学こそは人間交際の停滞の立役者であり、「自由の気風」を可能にする多事争論・異説争論を圧殺するのに手を貸したものであった。

もし「権力の偏重」が続いていたとすれば明治維新は何故起こったのか。明治維新を「王室の威光」や「執政の英断」に求める解釈はそれが何故この時点で起こったかの説明ができないとして彼は拒否する。彼によれば決定的なのは「時勢」の変化である。徳川の末年において「暴政の力」と「知恵の力」のバランスが変わり始めたところにペリー来航が重なり、改革の好機が一気に現実化したというのである。日本の衆論における「知恵の力」の台頭こそがあくまでも遠因であり、攘夷論その他は近因でしかないという。

従って、明治維新はまさに「全国の智力」の結集体である衆論に従って政府の形を改めたものに他ならない。ここに「文明の精神」へ向かって歩む「知恵の力」を日本人が備えつつあること、従って彼の言う意味での文明化が決して絵空事でないという見通しが示されている。それは政府が全ての価値を独占するのではなく、政府は一つの限定的な機能を持ったものでしかなく、文明の進展に従って適宜変化すべきいわゆる従属変数であるという視線とつながっているのである。

†知恵の活動を進歩発展させること

文明の世界は多事争論、自由の気風の横溢した世界として描かれるが、それは人間の内面に関わる「心の学」「私徳の教」が説くところの仁義道徳だけでは到底語れない、外物に関わる広範な知恵の活動(「聡明叡知の働」)を前提にしている。知恵の活動は自然との関係においても他の人間との関係においても大きな影響力を持ち、しかも、その真偽は有形の事物に即したテストによって取捨選択され、学習可能であるとともに進歩発展が可能なものである。

そしてこの知恵においてこそ日本人は西欧人に決定的に劣っていること、従って、「心の学」に逆戻りすることなくこの知恵をめぐる幾多の課題に果敢に挑戦すること、この意味での「文明の精神」の発達にコミットすることが学者の新たな任務であることが主題として強調されている。それによって辛うじて日本の独立への展望も見えてくるのであって、旧来の体制の崩壊に伴う解放感に浸っている時ではないと彼は考えた。

政府に全てを任せ、頼り切る体質を改めなければならないという彼の主張は、多事争論と自由の気風の勧め、私的活動の重要性といった彼に特徴的な議論を生み出した。また興味深いことに、日本と中国との決定的な差異は日本では先のような神政府の観念が武家政治の台頭によって不可能になり、そこに「自由の気風」の余地が発生したといった認識をも生み出した。

しかし、明治維新は武家政治の崩壊と復古であり、その意味では神政府への転落の危険性を持っているという認識も彼になかったわけではない。「今日に至て、彼の皇学者流の説の如く、政祭一途に出るの趣意を以て世間を支配することあらば、後日の日本もまたなかるべし」といった言葉にはぞっとするような鋭さが見られるのである。これこそまさに古典の持つ恐ろしい洞察力と言うべきであろう。

孫文『三民主義』（一九二四）
——救国の思想

孫文（一八六六—一九二五）は中国の革命家・思想家。『三民主義』は革命の根本について連続講演した記録である。

†民族主義

一九世紀末に列強の進出が風雲急を告げるに及んで、中国では変法維新が試みられたが失敗し、次いで義和団の乱が起こり、中国の混迷はますます深まった。こうした中で改革グループとは別に革命派が形成されてくる。孫文は革命派のリーダーとして内外の革命勢力の組織化に努めるとともに、革命原理の構築を行った。その革命原理である三民主義は一九〇六年から現れるが、彼は晩年に至るまでその内容の修正、充実に努めた。

孫文が『三民主義』において展開した三つの主義とは民族主義、民権主義、民生主義である。彼によれば、それは適者生存の原理が牢固として世界に貫徹している中で中国の国際的地位の平等、政治的地位の平等、経済的地位の平等を可能にする「救国」主義である。

民族主義を彼は国族主義と定義する。すなわち、中国人は家族主義、宗族主義に慣れ親しみ、そのために多くの犠牲を平気で払ってきたが、未だ国のために何かを犠牲にするという経験を持ったことがない。国家レベルでの団結を図ることが民族主義であり、国族主義と言い換えることができるというのである。民族と国家とは明確に区別され、民族は自然の力によって、王道によって形成されてきたのに対して、国家は武力によって、覇道によって形成されてきた。中国に住む民族はほとんどが漢人であり、彼らは同一の血統、言語文字、宗教、風俗習慣を持っている。ところが今この四億人は外国人から「ばらばらの砂」と呼ばれているように、全くまとまりを持っていない。そこに中国の危機があると彼は力説する。その手本になるのが、僅か五〇年の間に衰弱した国家から強盛な国家に変わった東方の日本である、と。

民族の危機のメルクマールを孫文は人口の頭打ちや減少に求める。列強による中国制圧が政治から経済に及び、それが人口減少の要因である。中国は一国の植民地ではなく、「各国の植民地」であり、各国の奴隷である。その地位は植民地以下であり、半植民地というよりは植民地より地位の低い「次植民地」であるという。経済力による圧迫の元凶が不平等条約であり、中国人は自らを守るべき術がなく、日々貧しくなっている。民族主義の危機の原因は直接的には植民地化にあるが、遠因は中国が早くから世界に先駆けた帝国主義国家であり、世界主義・天下主義（世界的な平和秩序）の担い手であったことにある。この世界主義がかえって中国の民族主義の武装解除につながり、外からの侵入に対して思想的に無防備にしたのだという。民族主義の復権の方策として彼は危機感の共有と団結の実現、固有の美徳の回復をあげ、併せて科学と産業化の強化を力説している。

†民権主義

民権主義とは人民が政治を管理する仕組みのことである。人類は自らを守り、生存を確保するために権力を行使し、戦いを繰り広げてきたが、君権の時代を経て今や民権の時代に入った。中国を未開の野蛮人視する西洋の学者もいるが、実は中国には他国に先駆けて孔子、孟子の時代から民権の議論があったという意味では西欧諸国に先駆けていたと孫文は言う。また、民権を採用したもう一つの原因は皇帝・君権思想が軍閥による内乱の最大の原因であったからである。「共和国が建設されたら［…］人民を皇帝にするのだ。四億人を皇帝にするのだ。こういうやり方をすれば、皆が相争うことを免れ得るし、中国の戦禍を少なくすることが出来る」と。

外国人は一方で中国人は文明の程度が低いので自由が理解できていないと言いつつ、他方で中国人は「ばらばらな砂」だと指摘している。この二つのコメントは互いに矛盾している。中国人が「ばらばらな砂」であるのは自由があるからで、中国人が「勝手気ままさ」を享受しているのは確かである。孫文によれば、中国では自由が多すぎ、「ばらばらな砂」のようになり、外部からの圧迫に対して団結による抵抗ができなくなった。個人は自由であり過ぎてはならず、国家が完全な自由を得るようにすることがこの革命の目的である。国家の自由を回復するためには個人を集めて固い団結を作らなければならない。革命主義はこの団結のためのセメントである。

民権主義の政治論の基本的な問題は、人民が政府の能力が大きくなりすぎることを恐れるあまり政府の無力化が生じやすいという点にある。これに対して孫文の関心は強力な力を持った政府を作ることである。彼はこの問題について自ら新しい発明をしたと主張する。そこで彼はまず「権」と「能」との区別を提案する。今や「権」の担い手は四億の中国人民であり、「能」の担い手である政府をいたずらに警戒するのでなく、もし良い政府であれば全権を渡し、悪い政府であれば皇帝の職権を行使して彼らを罷免するような仕組みにすべきである、と。

政府をコントロールする力である民権について言えば選挙権の他、罷免権（官吏を管理する権）、創制権（initiative 法律を決定して政府に執行させる権）、複決権（referendum 人民に不利な法律を修改、廃止して、新しい法律を政府に執行させる権）の四つが存してこそ直接的民権であり、代議政体は間接的民権に過ぎないという。四億の人間を皇帝とするためには直接民権が必要である。また、万能政府を組織するためには五権憲法を採用すべきであって、政府の五権とは行政権、立法権、司法権、考試権（civil service examination）、監察権（censorship、弾劾権）を意味する。このような政府を人民の持つ四つの政権で管理し、それによって世界で最も完全な民権政治の体制が整うことになる。これによって民有、民治、民享（of the people, by the people, for the people）の国家になりうるという。

†民生主義

第三の民生主義は人民の生活、社会の生存、国民の生計といった社会問題に関わるものであって、民生主義とは社会主義に他ならず、また、共産主義とも名づけられるものであり、中国で言うところの理想の泰平の世、大同主義に相当するものである。社会問題の発生はこの百年余りの工業化と産業化、生産力の急増と物質文明の進歩、その結果としての人間の労働の機械による置換、大量失業の発生と労働者の苦しい生活に歴史的な根拠を持っている。社会主義ではなく民生主義という言葉を用いたのは中国人の平明な理解を助けるためである。孫文はマルクスの所説に対していろいろと異論を唱えつつ、一言で言えば、資本家と労働者の利益は調和することができ、社会における大多数の経済的利益は調和可能であって、それこそが社会進化の内実であり、人類の生存問題を解決する展望がここに開かれるという。

孫文によれば、共産主義は社会問題解決の最高の理想を示したものであるが、民生主義はあくまで歴史の中で社会進化の担い手として着実に生存問題の解決に資するものでなければならない。若い世代は社会問題の根本的解決に魅力を感じ、共産党に入党している。それに対して国民党は三民主義を唱えつつも共産主義とは相容れないと考えている。国民党のメンバーは民族主義さえ実現すれば後の二つは自然に実現できると思い込み、民生主義についてては考えたこともなかった。ところが民生こそあらゆる問題の根源であり、これに取り組むことなしに諸課題が解決される見込みはない。そこで孫文は「民生主義とは、つまりは共産主義である。社会主義である」と定式化し、共産主義は民生主義の「よき友人」であると位置づけた。ここに国共合作路線を展望することができるし、それは国際関係におけるロシアの革命政権に対する期待感とつながっていた。

民生主義の具体的な政策として孫文は第一に土地問題の解決をあげ、第二に、国家資本の発達によって産業を振興することによって、その利益を人民に広範に与えることである（私人の経営に委ねると将来不均衡問題が生ずるから）。国家の力を用いて、交通事業や鉱山業、工業などを振興し、機械を用いて生産し、全国の労働者に仕事を与えること、これこそが緊急の課題である。これは中国においては不平等問題以前に貧困問題にまず取り組まなければならないという認識に発するものであった。

煎じ詰めれば、三民主義は民有、民治、民享のことであり、「国家は人民が共同に所有し、政治は人民が共同に管理し、利益は人民が共同で享ける」ということである。これを彼は孔子の望んでいた大同世界であると翻訳している。

ハイエク『隷従への道』(一九四四)
――計画化反対論と自由な社会の擁護

ハイエク(一八九九―一九九二)はオーストリアの経済学者。『隷従への道』で社会主義、ファシズム、ナチズムが同根であると批判。

†民主勢力側の「目隠し」現象

全体主義の台頭は自由主義の端的な危機を意味したが、枢軸国と戦う民主勢力の側は本当に全体主義とその肝心な部分をなす社会主義の影響から自由なのか。これがこの作品の中でフリードリヒ・ハイエクが掲げた論争的なテーマであった。ファシズムやナチズムは社会主義に対する反対する動きと解釈され、両者の差異や対立がとかく強調されているが、両者は同根を共有するのではないか。実際、民主諸国において影響力のある人々はことごとく社会主義者ではないか。それでは一体われわれは何を相手に戦っているのか。こう彼は「目隠し」現象の問題性を告発したのである。思想的に見てこの奇妙な状態を自由主義本来の立場に立ち返って一刀両断するのがこの作品の目的であった。

彼によれば一九世紀の後半以降、自由主義の教説に対する批判が高まる一方で、ドイツの諸思想が他の国々でも大きな影響力を振るうようになった。これらのドイツ思想は個人主義、自由主義、民主主義の「西欧」に対する軽蔑感を内包していた。これらは「浅薄な」ものとして拒否された。こうしてヨーロッパの近代の発展を支えてきた自由主義に対する批判が各方面から強まり、進歩派を中心に不満が渦巻くようになった。

それに代わって登場したのが「自由の計画化」といった取り組みであり、市場という匿名的な機構を捨てて一定の目標に向かって社会的な力を集団的、意識的に指導する試みが唱えられるようになった。かくして経済的自由の放棄のシナリオが動き出したのであった。その上、社会主義は巧妙にも「欠乏からの自由」といったシンボルを駆使し、社会主義はより大きな自由を約束するかのような印象を用い、自由主義者の間にさらに浸透していった。これは社会主義と自由主義との差異について「目隠し」をする典型的な例であった。しかし、他面において共産主義とファシズムとの類似性が頻繁に報道されるようになり、それとともに両者の真の敵が自由主義であることが一層明らかになってきた。こうした中で社会主義と自由とが結びつくと考えるのはますます困難になっているし、「個人主義的社会主義」とか「民主的社会主義」とか呼ばれるものの内実を十分吟味することが必要である、と彼は説いた。

†計画化について

そこでハイエクはこの両者の間に楔を打つ思考実験を始める。社会主義の理念や目的を支持する人々は社会主義を達成するために必要な方法——私企業の廃止、生産手段の私有の廃止、中央計画機関による「計画経済」体制の創造など——を受け入れるのであろうか。このように彼は「方法」に議論の焦点を絞る。さらに言えば、ここでの「方法」としての計画化は単に計画一般の主張ではなく、あくまであらゆる経済活動を単一の計画、すなわち、社会の諸資源が一定の仕方で特定の目的に役立つには、どのように「意識的に指導」すべきかということを規定した単一の計画に従って、中央機関が指導することを意味する。これこそ、社会主義者が念頭に置いている計画化であるとハイエクは言う。これに反対する立場は自由放任主義だけではなく、競争のダイナミズムを活用し、強制の介入する余地を狭めることを主張する立場もある。しかし実際のところ、この種の計画化論は何よりも競争に対する敵意に根拠を持っているのである。

次いで彼は、計画化の「不可避性」、計画化と民主主義、計画化と法の支配などについて論じ、計画化と自由との緊張関係を具体的に指摘する。また、計画論者は意識的な指導は「単に」経済的な事柄に限られるのであって、他の自由はそれによって何ら影響を受けないといった議論をしているが、ハイエクによればこれはきわめて危険な議論である。それというのも、経済統制は単にわれわれにとって二次的なものの統制にのみ関わるわけではなく、われわれの目的のための手段を統制することになるからで、それは結果として満たされるべき目的についての判断をするに等しい。従って、経済的事柄の統制はわれわれの目的の統制につながり、全生活の「意識的な統制」へと変貌することになる。結局のところ、「選択の自由」は虚構となってしまう。煎じ詰めれば、競争社会では価格を払って目的物を手に入れることができるが、計画化がこれに代わってもたらすのは完全な「選択の自由」ではなく、命令と禁止、権力者の我が儘の世界である。ハイエクによれば経済的自由とは経済的煩労からの自由ではなく、あくまでも選択権を前提にした、責任を負う経済活動の自由でなければならない。

†全体主義への道

以上のような吟味を前提に、われわれが選択すべきは「各人がその受け取るに値するものを、ある絶対的にして一般的な正当性の標準にしたがって得るところの体制か、個人の分け前が一部分、偶然か運不運によって決まる体制かのいずれかではなく、少数の意志によって、誰が何を得るかが決められる体制か、そのことが少なくとも一部分は当該個人の能力と企業心に、一部分は予見しがたい事情に依存している体制か」である。ハイエクは後者を選択するが、それは計画化が唯一つの手に完全な支配権を委ねることを防止する手立てを持たないからである。計画化を主張するナチスと社会主義者が経済と政治との人為的分離に共通に反対しているのは、経済に対する政治の優位を意図していること、一つの権力が個々人の地位に対して完全な権力を樹立することを目的にしている。その意味においてファシズムと社会主義との闘争は同じ見解を前提にした上での抜き差しならない対立に他ならない（ハイエクは「ナチズムの社会主義的起源」という一章を設けている）。

ハイエクは最低生活の保障の必要性を認めるが、独立の理想に対する保障の理想の「勝利」には自由に対する脅威が潜んでいると警告を発する。実際、ドイツはこの勝利によって自由を物笑いにする社会を作り出したのであった。計画化は結局のところ目的に対して同じ見解を持つことなしには機能せず、従って、宣伝であれ強制であれ、その手段はともかくとして、教義の押しつけと「画一化」、自主的判断の放棄、自由の喪失と不可分の関係にある。

ドイツ思想の全体主義、社会主義への傾斜を検討した後、ハイエクは「われわれの中の全体主義者」という章で、英国の思想的状況が二〇年、三〇年前のドイツの状況に類似していることを具体的に指摘している。アクトン卿やダイシー、そしてグラッドストーンは忘れられる一方で、真摯な理想主義者や高い知性の産物の中に全体主義への道が潜んでいるという。そこでハイエクはケインズ、E・H・カー、ラスキなどの見解に批判的に言及している（マンハイムは他の箇所で何度も言及されている）。

ハイエクは計画化に対して市場を次のように弁護している。「市場という個人的関係から遊離した力に人々が屈服したために、過去の文明は初めて可能になったのであって、これなくしては文明の発展は不可能であった」。市場への屈服にとって代わりうるものが実は「他の人々の権力に屈服すること」であるということを理解していない人間が多すぎること、その結果、遥かに有害な拘束に自ら入り込む危険性が出てくるのである。戦争のように、自由な社会が単一目的に従わなければならない局面はないわけではないが、それは自由のために払う対価に他ならない。このことと戦争の時になさざるを得なかったことを基準にして、平和の体制を考えるというのは全く違ったことである。そして今や戦後体制を考えるべき時だと彼は言う。本書はその後のハイエクの市場を拠点とした自由の哲学の構想にとって記念すべき作品としての位置を占めるものとなる。

アレント『全体主義の起源』（一九五一）
――二〇世紀とはいかなる時代か

アレント（一九〇六―一九七五）はドイツ出身のアメリカの女性政治学者・哲学者。『全体主義の起源』は壮大な考察を行った主著。

†反ユダヤ主義の歴史的文脈

ハンナ・アレントの『全体主義の起源』は反ユダヤ主義、帝国主義、全体主義の三部からなる。全体主義という言葉はまさに二〇世紀に登場した新しい概念であり、そのことは新しい政治の現実が誕生したことと関係がある。本書においてはナチズムやスターリン体制がその対象である。この作品は網羅的な歴史書ではなく、全体主義の特質を浮き彫りにすることを目的にした壮大な文化的・思想的考察と呼ぶべきものである。あまり読みやすい作品ではないが、随所に見られる鋭いコメントと、全体主義の経験の徹底した総括なしには現代の政治的思惟は不可能であるという切迫感が全体を魅力あるものにしている。

考察の対象は一九世紀後半から二〇世紀前半のヨーロッパ世界である。一九世紀的な国民国家体制の解体と二〇世紀の独特な政治体制の誕生を可能にした諸要因の発掘が大きな流れである。第一部をなす反ユダヤ主義論において特徴的なのは、それが国民国家の没落と軌を一にして台頭したという認識である。つまり、反ユダヤ主義は昔からあったユダヤ人憎悪といったものとは違う、歴史的文脈を持っているのである。そのことは国民国家という一九世紀の体制においてユダヤ人が持っていた機能の解明なしには理解できない。

ところで、一九世紀の体制は次のような構成を持っていたという。それは国民国家（およびその集まりとしての国際関係）と社会を中心軸としていた。国民国家は絶対王政の中で成立した領域国家をフランス革命後新たにネーションと結びつけたものであった。ここでのネーションとは一定の地域に定住し、「歴史的・文化的統一体として自覚した」人間集団を意味した。これに対して社会とは階級社会を意味する（貴族から労働者に至るまで、利益に基づいて組織された諸階層の集まりを意味する）。一九世紀においては、社会から超越的にその国民を平等に扱い、法の支配を掲げる国民国家と歴史的・文化的統一体としてのネーションとの矛盾は顕在化しなかった。そうした中で、ユダヤ人はネーションにも階級社会にも属することなく、国民国家との密接な関係によって保護され、その地位を維持してきた点で特異であった。その結果、ユダヤ人は国家に対する憎悪を一身に浴びることになった。ドレフュス事件はその最初の危険な兆候であった。

†帝国主義と人種主義

第二部の帝国主義は「ブルジョアジーの政治的解放」という章から始まる。その意味は地域的に限定された国民国家体制は資本主義の発展にとってもはや桎梏となり、ブルジョアジーはそれまで距離を置いていた政治に積極的に参加するようになったのが帝国主義の原因であるというテーゼである。ここから植民地をめぐるヨーロッパ各国の膨張志向、権力志向が露骨に現れる。

アレントはこの帝国主義を「資本輸出と人種妄想と官僚制的行政装置の奇妙な混合物」と呼んでいる。生産の不断の増加と成長に立脚する資本主義体制の維持が帝国主義の最大の原動力であることから、資本主義こそ一九世紀的国民国家体制の破壊の元凶と考えられる。そこで帝国主義を突き動かすブルジョアジーの政治的世界観が問題になるが、それは際限なき経済的膨張を際限なき「権力輸出」によって補強すべしとする発想であった。ここでは資本と権力の膨張過程が自己目的とされ、永続的なものは単なる障害物でしかない。国民国家もそうした障害物の一つになってしまった。まさに、この膨張過程は国民国家の破壊の過程であった。興味深いことに、この無限の競争過程に身を投ずることを肯定する発想の源泉をアレントは『リヴァイアサン』のホッブズに見出した。

彼女の帝国主義論を彩っている主体にモッブがある。モッブは「脱落者の集まり」であり、ブルジョア社会から「吐き捨てられた」存在である。彼らは何よりも倫理観を欠いた存在であり、ブルジョアジーの世界観を偽善なしに率直に代表する、帝国主義向きの人間類型である（帝国主義は「資本とモッブの同盟」）。

帝国主義の政治支配として特徴的なのは人種主義と官僚制であった。人種主義は歴史的・文化的統一体としての自覚に基づくネーションと異質な、専ら生物的な特徴に着目した議論である。ネーションから人種への変化は一種の「退化」であるが、モッブはこの「退化」を受け入れることによって帝国主義の担い手になった。官僚制は植民地支配に適合的とされた政令による支配を意味する（合法性からの恒常的な逸脱）。法が永続性ある秩序を志向しているのに対して、官僚制は一切の安定したものを排除する効果を持っていた。人種主義と官僚制が目標としたのは「膨張のための膨張」という無限進行の原理であった。問題はこうした帝国主義の政治的帰結であった。

アレントは英仏を「海外帝国主義」と呼び、ここでは植民地の獲得は本国の国民国家の法的・政治的構造を変えるものではなかったと総括する（彼女はここに英国の政党制の強さを見出した）。これに対してドイツやロシアなど帝国主義参加が遅れた国々はヨーロッパ大陸内に植民地を求める方途を探ることになった。アレントはこれを「大陸帝国主義」と呼び、それが国民国家の境界を越えて「民族共同体」を実現しようとする汎民族運動と強く連動したと説く。大陸帝国主義は経済的動機が弱く、インテリとモッブとの運動であったが、「海外帝国主義」とは比較にならないほど、人種イデオロギーと「運動」を提供することによって国家に対する敵視を定着させた。中欧・東欧ではナショナリズムは政治的実態を持っていなかったため、不明確な帰属観に基づく、未来志向の「拡大された種族意識」が際限なく蔓延《はびこ》ることになった。ユダヤ人はその選民思想を含め、ある意味で彼らにとってのモデルを提供した。

†アトム化した大衆を動員する全体主義

アレントによれば、二〇世紀は国民国家の解体と階級社会の解体によって特徴づけられる。前者は少数民族問題、無国籍者問題、人権の危機として現れ、後者は大衆社会の誕生、社会の倫理的な武装解除として現れた。この基盤の上に第三部（全体主義）が展開される。階級社会の崩壊は政党の基盤を崩壊させ、根無し草のアトム化した大衆を後に残した。この大衆を動員したのは政党ではなく全体主義的「運動」であった。この「運動」の目的は権力と国家機構の掌握にあるのではなく、「運動」を通して自らの支配を継続することにあった。そのための手段がプロパガンダであり、そこでは作られた首尾一貫性によってイデオロギーの注入と虚構の世界の再生産が行われる。

全体主義体制の直面する難問は安定化と日常性への転落であり、これを防ぐためには「永久革命」を説き、不安定性を持続させる必要がある。この前代未聞の新しい政治体制を特徴づけるのがテロルとイデオロギーである。かつての法の支配に対比されるのがテロルであり、自由な行為の空間を限りなくゼロにすることを目的にする。イデオロギーの機能は論理的な首尾一貫性の強制力に特徴があり、一定の運動へと人々を断固として強制する役割を果たす。その意味でこの両者は相互補完的な機能を果たす。現実はイデオロギーを左右する力を持たないのみならず、全体主義体制は自らの幻想に従って現実を作り変えることも可能である。

『全体主義の起源』には後年アレントが自説として展開することになる議論や概念が「裏側から」散りばめられている。つまり、全体主義という反面教師の素材を使ってこの過程において失われたものの長いリストを示しつつ、その意義について思考することを読者に促す効果は絶大である。個々の局面において、後年の所説と付き合わせることも決して不可能ではない。全体主義の読み解きのために、そしてアレント理解のために、本書は知的刺激の宝庫を提供してくれる。特に、考察の視点の豊富さは圧巻である。

丸山眞男『(増補版)現代政治の思想と行動』(一九六四)
——政治権力についてどう論じるか

丸山眞男(一九一四—一九九六)は政治学者、思想史学者。『(増補版)現代政治の思想と行動』は政治学的考察の宝庫の作品。

†日本の超国家主義

本書は全体主義の政治的経験を抜きにしては論じられない。この意味でアレント、ハイエクの著作と共通の基盤に立っている。その圧倒的素材は「軍国日本」である。しかしそれは何よりも、日本のみならずナチスやスターリン体制についての、おそらく当時としては類を見ないほど豊富な情報を基に、一人の日本の知識人が縦横無尽に二〇世紀前半の政治的体験について政治学(思想)的考察を加えた記念碑的な作品である。その内容は多岐にわたるが、アレントやハイエクがそうであったように全体主義体制と権力の問題、政治的思惟の課題に絞って内容を要約したい。

最も有名な「超国家主義の論理と心理」は戦前の体制の政治的・経済的分析ではないし、それに対する単なるイデオロギー的批判でもない。それは国民を巻き込んだ形で存在した権力についての思惟構造の解明にあった。丸山はその際、日本の超国家主義の差別化を外部の基準を用いて行い、その特質を浮かび上がらせる方法を採用した。

日本はヨーロッパの国家とは異なり、中性国家や外面国家を志向したのではなく、教育勅語に見られるように実体的価値の体現者であることに支配の根拠を置こうとしたものであること（国家主権が精神的権威と政治権力を一元的に占有する体制）、従って、国家秩序から自由な私的領域が承認されず（その結果、私事の倫理性が国家的なるものとの合一化に依存することになる）、そこには何ほどかの「うしろめたさ」が伴っていた。その結果、ここでは国家の活動を超えた道義的基準は存在せず、逆に国家が道義の体現者、宣布者と考えられる。対外的に言えば、道義と国家活動は不可分であり、日本帝国は「真善美の極致」であるが故に、全てが許される存在となる（「正義は勝つ」と「勝った方がええ」との交錯）。こうした国家と行動を共にすることこそ正義と考えられる。

この「倫理と権力との相互移入」という構造の下では倫理は内面化せずに権力化への衝動を内包するとともに、権力の倫理化が歯止めなく進む。その結果、真の意味での内面性への関心が育たないとともに、権力の悪魔性への認識も育たない。真理や正義に忠実な理想主義的な政治家が誕生しないが、むき出しの権力性を示す政治家もいない。全てが「小心翼翼」としているという（東條英機はその典型）。

権力支配が国家のこうした権威を背景にしていることから、その究極的実体である天皇との近接度が（合法性よりも）国家機構全体を動かす精神的起動力になる。これは軍隊と統帥権に典型的に見られるが、この構造の下においては自己の利益を天皇のそれと同一視し、自己の反対者を天皇のそれと見なすメカニズムが埋め込まれていた。官庁に代表されるセクショナリズムの淵源もそれぞれが縦に究極的権威に直結しているところに原因がある。ここでは自由な主体意識の存在を前提にした独裁概念が成立せず、権力行使に伴う責任の自覚も欠ける。ここで発生するのは「抑圧の委譲による精神的均衡の保持」である。

あらゆる権威の中心である天皇がヨーロッパの絶対君主のように「自由なる」人格かといえば、万世一系の皇祖皇宗の伝統の下にある。日本帝国はこうした国内論理を国際的に広める形で明治以来拡張を図ってきた。「天壌無窮」の価値の妥当範囲が「皇国武徳」と手を携えて螺旋的に拡大していったのである。この国体の絶対性が崩壊した八月一五日に日本国民は自由なる主体として責任を負うことになったと丸山は指摘した。

「軍国支配者の精神形態」は先の論文で指摘された政治指導者の姿をより具体的に検証したものである。日本帝国が行った戦争を決断した判断が何故かくも非合理的であったのか、日本の政治権力の非計画性と非合理性、これが焦点である。丸山はここで異常者の集まりの観のあるナチス指導者とのコントラストを持ち出す。すなわち、日本の指導者は無法者とは異なり、体制の精華というべき人材であった。しかし彼らには自らの下した決定に対するはっきりした責任の意識がなく、「戦争を欲したかといえば然りであり、避けようとしたかといえばこれまた然り」の状態が見られた。「勝てば官軍」という勇気もなく、それを隠蔽したり道徳化したりする。そこには自己欺瞞の深い闇が見られる。また、明確な目的によって手段をコントロールすることができず、武力行使が自己目的化し、無計画さと指導力の欠如を招いた。

この指導者たちの矮小性は、既成事実への屈服（下剋上の横行）、権限への逃避（官僚精神）といった事象として現れた。これは体制のデカダンスの現れであると丸山は言う。それを突き詰めていけば、日本帝国における政治的統合の空洞化である。裏を返せば、君主政の下での官僚の責任なき支配と統治のアトム化に他ならない。独裁的責任意識（これは明治の藩閥にはあった）が後退するのに民主主義的責任意識は興らない、その果てに出てきたのがこの「無責任の体系」であったという。

†政治権力に肉迫して

「「スターリン批判」における政治の論理」はイデオロギー的思考——全てをその世界観とその「本質」からの演繹ないし発展と考える志向——に対する批判として注目される。「政治の論理」を一度世界観から切り離し、道徳主義や特殊性論（特定の個人の人格の特異性に全てを還元する）に陥らない議論の地平を探るのがここでの目的であった。丸山はソ連共産主義を他の革命運動などと関連づけながら、より一般的な政治現象としてスターリン問題を論じ、さらにはスターリン批判の意味をイデオロギー（マルクス主義）や道徳主義に閉じ込めないで理解する手法を提供しようと試みている。スターリン問題を政治状況との関連、制度や組織・組織論の問題（「正統病」の発生など）などに即して積極的に論じ、本質主義や基底還元主義に陥らない議論が求められる。

本書第三部には「人間と政治」「権力と道徳」「支配と服従」「政治権力の諸問題」といった論文が含まれている。これらはいずれも政治権力問題に対する丸山の並々ならぬ関心を示して余りあるものがある。日本帝国もスターリン体制も、それぞれに政治権力のあり方を映し出す鮮烈な経験を与えてくれた。その背後には政治権力のあり方が二〇世紀において大きく変貌し、「政治化」がわれわれの周辺で格段に進みつつあるという認識があった。

それはまた、一人一人の市民が政治にどのように向かうべきかという問題への関心にもつながる。「現代における態度決定」「現代における人間と政治」といった論稿は政治的にものを考えることとそのことについての丸山の考察を示している。日本の伝統として既成事実への屈服を論じた丸山が「「現実」主義の陥穽」を書いたのも当然と言えば当然であろう。それらは煎じ詰めれば、具体的な政策の是非の議論とは異なったレベルでの政治的思惟への問いかけであり、メタレベルでの政治考察として貴重なものである。「追記」を含め、本書はこうした考察の宝庫である。

論争を呼んだ「科学としての政治学」の中では政治学と政治との関係について論じ、日本の政治構造に政治学の「不妊性」の原因を求めている。すなわち、市民的自由のないところで社会科学が成長することはなく、特に、政治学については著しいという。何故ならば、政治権力にとって政治学は自らの裸像を描き、分析する学問であり、これを放任することに抵抗を感ずるからである。その上、日本帝国にあっては大権を分析の枠外におくことが政治体制の前提であり、中性国家のように自らの分析を容認する体質がなかった。かくして良心的な政治学者たちは例えば、方法論や概念論に多大のエネルギーを注ぐことになったという。豊かな政治的現実なしに政治学の隆盛はないというこの指摘は日本の政治学にとって将来にもわたる重いメッセージである。

文献目録

Ⅰ　政治の意味

プラトン『ゴルギアス』
加来彰俊訳『ゴルギアス』（岩波文庫）
マキアヴェッリ『君主論』
佐々木毅全訳注『君主論』（講談社学術文庫）
河島英昭訳『君主論』（岩波文庫）
池田廉訳『新訳　君主論』（中公文庫）
ヴェーバー『職業としての政治』
脇圭平訳『職業としての政治』（岩波文庫）

Ⅱ　政治権力

アリストテレス『政治学』
山本光雄訳『政治学』（岩波文庫）
牛田徳子訳『政治学』（京都大学学術出版会）
ホッブズ『リヴァイアサン』
水田洋訳『リヴァイアサン』（岩波文庫）
ロック『統治論』
伊藤宏之訳『全訳　統治論』（柏書房）

モンテスキュー『法の精神』
野田良之他訳『法の精神』（岩波文庫）
バーク『フランス革命についての考察』
中野好之訳『フランス革命についての省察』（岩波文庫）
半澤孝麿訳『フランス革命の省察』（みすず書房）

Ⅲ　政治と徳

プラトン『国家（ポリテイア）』
藤沢令夫訳『国家』（岩波文庫）
孔子『論語』
貝塚茂樹訳注『論語』（中公文庫）
金谷治訳注『論語』（岩波文庫）
吉川幸次郎『論語』（朝日選書）
宮崎市定『現代語訳　論語』（岩波現代文庫）
加地伸行全訳注『論語』（講談社学術文庫）

Ⅳ　政治と宗教

アウグスティヌス『神の国』
服部英次郎・藤本雄三訳『神の国』（岩波文庫）
カルヴァン『キリスト教綱要』

渡辺信夫訳『キリスト教綱要』（新教出版社）

ロック『寛容書簡』

『世界の名著27　ロック・ヒューム』（中央公論社）

平野耿訳注『寛容についての書簡』（朝日出版社）

V

政治と戦争・平和

トゥーキューディデース『戦史』

久保正彰訳『戦史』（岩波文庫）

藤縄謙三・城江良和訳『歴史』（京都大学学術出版会）

孫武『孫子』

浅野裕一『孫子』（講談社学術文庫）

金谷治訳注『孫子』（岩波文庫）

カント『永遠平和のために』

宇都宮芳明訳『永遠平和のために』（岩波文庫）

中山元訳『永遠平和のために／啓蒙とは何か　他3編』（光文社古典新訳文庫）

クラウゼヴィッツ『戦争論』

篠田英雄訳『戦争論』（岩波文庫）

清水多吉訳『戦争論』（中公文庫）

VI 政治と経済

アダム・スミス『国富論』
水田洋監訳『国富論』(岩波文庫)
大河内一男監訳『国富論』(中公文庫)
ヘーゲル『法の哲学』
藤野渉・赤沢正敏訳『法の哲学』(中公クラシックス)
マルクス、エンゲルス『共産党宣言』
大内兵衛・向坂逸郎訳『共産党宣言』(岩波文庫)
村田陽一訳『共産党宣言』(大月書店)
ロールズ『正義論』
矢島鈞次監訳『正義論』(紀伊國屋書店)

VII 民主政論

ルソー『社会契約論』
桑原武夫・前川貞次郎訳『社会契約論』(岩波文庫)
小林善彦・井上幸治訳『人間不平等起原論・社会契約論』(中公クラシックス)
ジェイ、ハミルトン、マディソン『ザ・フェデラリスト』
斎藤眞・中野勝郎訳『ザ・フェデラリスト』(岩波文庫)
トクヴィル『アメリカにおける民主政』
松本礼二訳『アメリカのデモクラシー』(岩波文庫)

井伊玄太郎訳『アメリカの民主政治』（講談社学術文庫）

J・S・ミル『代議政体論』

水田洋訳『代議制統治論』（岩波文庫）

Ⅷ　歴史の衝撃の中で

福沢諭吉『文明論之概略』

松沢弘陽校注『文明論之概略』（岩波文庫）

孫文『三民主義』

安藤彦太郎訳『三民主義』（岩波文庫）

島田虔次・近藤秀樹・堀川哲男訳『三民主義（抄）ほか』（中公クラシックス）

ハイエク『隷従への道』

一谷藤一郎・一谷映理子訳『隷従への道』（東京創元社）

アレント『全体主義の起源』

大久保和郎・大島かおり訳『全体主義の起源』（みすず書房）

丸山眞男『（増補版）現代政治の思想と行動』（未來社）

ちくま新書
655

政治《せいじ》学《がく》の名著《めいちょ》30

二〇〇七年四月一〇日　第一刷発行
二〇二四年五月一〇日　第五刷発行

著者　佐々木 毅（ささき・たけし）

発行者　喜入冬子
発行所　株式会社 筑摩書房
東京都台東区蔵前二－五－三　郵便番号一一一－八七五五
電話番号〇三－五六八七－二六〇一（代表）
装幀者　間村俊一
印刷・製本　株式会社 精興社

ISBN978-4-480-06355-7 C0231